Marie-Ancilla Durliat

Quoi ! Pourquoi ?

Marie-Ancilla Durliat

Quoi ! Pourquoi ?

Lecture spirituelle du livre des Lamentations

Éditions Croix du Salut

Imprint
Any brand names and product names mentioned in this book are subject to trademark, brand or patent protection and are trademarks or registered trademarks of their respective holders. The use of brand names, product names, common names, trade names, product descriptions etc. even without a particular marking in this work is in no way to be construed to mean that such names may be regarded as unrestricted in respect of trademark and brand protection legislation and could thus be used by anyone.

Cover image: www.ingimage.com

Publisher:
Éditions Croix du Salut
is a trademark of
Dodo Books Indian Ocean Ltd. and OmniScriptum S.R.L publishing group

120 High Road, East Finchley, London, N2 9ED, United Kingdom
Str. Armeneasca 28/1, office 1, Chisinau MD-2012, Republic of Moldova, Europe
Printed at: see last page
ISBN: 978-620-3-84621-8

Introduction

La mise à sac de Jérusalem par l'armée de Nabuchodonosor, roi de Babylone, en 597, puis sa chute en 587 av. J.C., la destruction du Temple et de la déportation d'une partie de la population en Babylonie ont provoqué un grand bouleversement chez les Judéens, une douleur et une stupéfaction sans pareilles. Le sort de ceux qui sont demeurés à Jérusalem n'était pas plus enviable que celui des exilés : ils sont sous la coupe des Chaldéens et vivent dans une grande pauvreté. Leur souffrance est d'autant plus grande, que grand est le contraste entre un passé glorieux et la réalité présente. Elle est d'autant plus amère et humiliante que la catastrophe succède à une période glorieuse pour Jérusalem ; ses institutions étaient l'objet de fierté de la part des Judéens et d'admiration de la part des autres nations ; la réforme de Josias avait été un sommet sur le plan religieux et le désastre était survenu peu après. Tout cela est le cadre historique sur lequel doit se lire le livre des *Lamentations*, ouvrage mis en forme en Judée, après la ruine de Jérusalem.

On remarque des influences diverses dans les divers poèmes. La plus importante est celle de Jérémie, surtout dans les deux premiers. Des parallèles avec les livres de Job et d'Ezéchiel se font sentir dans le troisième ; ce qui fait penser que la troisième lamentation proviendrait des Judéens exilés à Babylone. Quant à la cinquième, elle serait plus tardive : on sent que du recul a été pris par rapport aux événements.

Une relecture théologique de la catastrophe est faite : elle a eu lieu à cause du péché des hommes, elle est une punition de Dieu qui éduque son peuple pour le ramener de son infidélité à l'alliance, pour l'amener à se repentir du fond du cœur ; et, dans cette perspective pointe la doctrine de la rétribution. Le but de tout cela : la conversion et l'espérance du retour du Seigneur qui ne saurait abandonner son peuple pour toujours. Pourtant, une question reste en suspens : Pourquoi cette souffrance ? Pourquoi ce désastre ? Une lueur apparaît dans la troisième lamentation, au cœur du livre.

Le livre des *Lamentations* comporte cinq poèmes. Les deux premiers et les deux derniers ont vingt-deux versets ; celui du centre, soixante-six : trois fois vingt-deux. Ce sont, en effet, à l'exception du dernier, des poèmes alphabétiques : la première lettre de chaque verset est une lettre de l'alphabet hébreu qui est composé de vingt-deux lettres. Pour la troisième lamentation, le nombre vingt-deux est maintenu, parce que trois versets commencent par une même lettre ; ce sont donc vingt-deux strophes de trois versets chacune, qui forment le poème alphabétique. Par contre, la dernière lamentation comporte bien vingt-deux versets, mais ils ne commencent pas par les lettres de l'alphabet.

Ce procédé littéraire favorise la mémorisation. De plus, cette technique d'écriture confère aux poèmes un caractère de totalité, comme lorsque nous disons « de A à Z » ; la dévastation de Jérusalem ne pouvait donc pas être plus complète.

La tradition a attribué le livre des *Lamentations* à Jérémie, car dans le livre de ce prophète, il y a des appels à se lamenter (Jr 7,29 ; 9,9.19). Mais cela obscurcit le genre littéraire des lamentations, où plusieurs locuteurs interviennent, comme nous allons le voir.

Les *Lamentations* sont le nom donné à l'opuscule des cinq poèmes, par la *Septante* : « Thrènes ». C'est un genre littéraire bien connu des grecs et utilisé pour les rituels funéraires. Les poèmes de deuil et de lamentation, en effet, étaient utilisés lors de catastrophes atteignant une cité ou un peuple. Ce genre littéraire, connu aussi dans le monde juif, faisait appel aux pleureuses : *Appelez les pleureuses : qu'elles viennent ; allez chercher les plus habiles : qu'elles viennent* (Jr 9,17).

Dans la Bible juive, Les *Lamentations* font partie des Ecrits et, plus précisément, des « Cinq rouleaux », rassemblés par la tradition juive parce qu'ils ont un même usage : tous sont lus pour les grandes fêtes juives. Les *Lamentions* y occupe la place centrale. Avant, sont placés le *Cantique des cantiques* et *Ruth* ; et après, *Qohèleth* et *Esther*. Selon la coutume juive, le premier mot du livre lui donne son nom : *Quoi ?* Les *Lamentations* sont récitées pour la fête du neuvième jour du mois de Av, lors du grand jeûne qui commémore la destruction du Temple par l'armée du roi de Babylone et la destruction du dernier Temple par les Romains, en 70. En ce jour-là on est en deuil : on ne se lave pas et on ne lit pas la *Torah*, mais les livres de la Bible qui expriment la souffrance : *Job* et les *Lamentations*. Un autre nom est donné au rouleau central : *Lamentations* (*qinot*) ; il correspond à un autre regard sur l'écrit : il est considéré pour lui-même. *Qinah*, lamentation, est un mot utilisé dans l'Ancien Testament : 2 R 1,17 ; Ez 19,1.

La liturgie chrétienne utilise très peu le livre des *Lamentations*. Quelques passages en sont lus à l'Office de lecture de la Liturgie des Heures, durant l'été. Un extrait de la troisième lamentation sert de cantique pour les vigiles de la Semaine Sainte. Une lecture au choix, dans le Lectionnaire des funérailles, en propose une péricope.

Les cinq poèmes ont des traits communs. Les poèmes 1, 2 et 4 commencent par le même mot « Quoi ? » Cette répétition intensifie l'expression de la douleur provoquée par un deuil. Comment, en effet, trouver les mots pour rendre la grande douleur de celui qui parle ? Cet adverbe interrogatif : « Quoi ? », a d'ailleurs en même temps un sens exclamatif : « Quoi ! »

Une partie des *Lamentations* se présente comme un texte poétique, mis dans la bouche d'un chœur de pleureuses, ou d'une pleureuse. Mais d'autres personnages interviennent aussi : tantôt Jérusalem présentée comme un personnage féminin, tantôt un homme seul ou un sage, tantôt la communauté elle-même. Sauf dans la dernière lamentation, une alternance s'établit entre divers participants : un chœur de pleureuses et Jérusalem pour le premier et pour le deuxième poème ; une pleureuse et un « nous », dans le quatrième. La troisième est principalement une lamentation individuelle ; interviennent cependant, en plus d'un homme seul, un sage et le peuple.

Dans les poèmes 1, 2 et 4, les versets sont longs et comportent une césure marquée par l'*atnah*, signe qui délimite deux hémistiches. Ceux-ci sont le plus souvent déséquilibrés : le second est plus court que le premier qui, lui, est de la longueur normale dans la poésie hébraïque. Ce déséquilibre exprime la dépression de l'âme. Dans les poèmes 3 et 5, les versets sont courts et chacun forme une phrase, avec cependant une différence entre les deux lamentations : dans la troisième, les versets sont regroupés par trois, ce qui traduit une insistance lancinante.

Les cinq lamentations sur Jérusalem ont un sens particulier : elles sont un appel à la conversion. Le deuil de la ville devient retour à Dieu, offrande d'un cœur contrit.

Mais est-ce tout ? N'ont-elles pas un sens pour nous, aujourd'hui ? Jérusalem n'est-elle pas une figure de l'Eglise ? Chacun peut donc prolonger la méditation pour son propre compte.

Traduction
sur le texte massorétique

1 1 Quoi ? Elle est assise solitaire, la ville au peuple nombreux ? Elle
est comme une veuve ; * Nombreuse parmi les nations, princesse parmi
les provinces, elle est à la corvée. 2 Elle pleure, elle pleure dans la nuit
et des larmes sur la joue ; pas de consolateur pour elle parmi tous ses
amants. * Tous ses amis l'ont trahie ; ils sont devenus pour elle des ennemis. 3 Elle est exilée, Juda, à cause de la misère et de l'abondance de
servitude, elle est assise parmi les nations ; elle n'a pas trouvé de repos.
* Tous ses poursuivants l'ont atteinte au milieu de ses angoisses. 4 Les
chemins de Sion, endeuillés, faute de gens venant à ses fêtes ; toutes ses
portes, dévastées ; ses prêtres, gémissants ; * ses vierges, affligées ; et
elle, amertume pour elle. 5 Ses adversaires sont en tête, ses ennemis sont
en paix, car le Seigneur l'a affligée à cause de ses nombreuses transgressions ; * ses petits enfants sont allés en captivité, devant un adversaire. 6 Et elle est sortie de la fille de Sion, toute sa gloire ; * ses princes
sont comme des cerfs, ils ne trouvent pas de pâturage et partent, sans
force, devant un poursuivant. 7 Elle se souvient, Jérusalem, aux jours de
son affliction et de ses errances, de tout ce qu'elle avait de précieux
depuis les jours d'autrefois, * quand son peuple est tombé dans la main
d'un ennemi et personne ne l'a secourue ; des ennemis l'ont vue, ils se
sont moqués de sa désolation. 8 Un péché, a péché Jérusalem ; c'est
pourquoi elle est devenue objet d'horreur. * Tous ceux qui la glorifiaient, la méprisent, car ils ont vu sa nudité ; aussi elle gémit et se retourne en arrière. 9 Son impureté sur les pans de sa robe, elle ne s'est pas
souvenue de son après et elle est tombée prodigieusement, et personne
ne la console. * Vois, YHVH, mon affliction, car un ennemi s'est levé.

10 Un adversaire a étendu sa main sur tout ce qu'elle avait de précieux
* car elle a vu : les nations venaient vers son sanctuaire où tu avais ordonné qu'elles ne viennent pas, dans ton assemblée. 11 Tout son peuple
gémissant, cherchant du pain, ils ont donné toutes leurs choses précieuses pour de la nourriture, pour faire revenir la vie. * Vois, YHVH,
et regarde, car je suis avilie. 12 Non pas pour vous, tous les passants de
la route : Regardez et voyez s'il y a une douleur comme ma douleur,
[celle] qui m'est infligée, * [celle] dont YHVH m'a affligée au jour de
l'ardeur de sa colère. 13 D'en haut, il a envoyé un feu dans mes os et il
les a dévorés. * Il a étendu un filet, il me fait revenir en arrière, il m'a
rendue désolée ; tout le jour souffrante. 14 Il est lié par sa main, le joug
de mes crimes ; ils s'entrelacent, ils sont montés sur mon cou ; il a fait
trébucher ma force. * Le Seigneur m'a livrée en des mains dont je ne
pourrai pas me relever. 15 Il a abattu tous mes vaillants, le Seigneur, du
milieu de moi ; il a convoqué un temps pour briser mes jeunes gens.
* Le pressoir, le Seigneur a foulé, pour la vierge de la fille de Juda.
16 Sur ces choses, moi, je pleure ; mon œil, mon œil répand de l'eau, car
il s'est éloigné loin de moi, le consolateur, celui qui fait revenir la vie.
* Mes fils sont dans la désolation, car l'ennemi à vaincu. 17 Elle a étendu
ses mains, Sion, personne ne la console ; YHVH a commandé, pour Jacob, ses adversaires autour de lui. * Jérusalem est devenue une impureté
parmi eux. 18 [Il est] juste, YHVH ; car contre sa bouche, j'ai été rebelle.
* Ecoutez donc, tous les peuples, et voyez ma douleur ; mes vierges,
mes jeunes gens, sont allés en captivité. 19 J'ai crié vers mes amants ;
eux, ils m'ont trompée. Mes prêtres, mes anciens ont péri, * quand ils
cherchaient, pour eux, de la nourriture, pour faire revenir la vie. 20 Vois,
YHVH, car [c'est] détresse pour moi ; mes entrailles sont agitées, mon
cœur se renverse en moi, car je me suis rebellée, rebellée. * Au dehors,

l’épée a privé d’enfants, comme la mort dans la maison. 21 Entends que je gémis, moi ; personne pour me consoler. Tous mes ennemis ont entendu mon malheur ; ils se sont réjouis, car toi, tu l’as fait ! * Tu as fait venir un jour que tu avais appelé ; et qu’ils deviennent comme moi. 22 Que vienne leur méchanceté devant toi et grapille-les comme tu m’as grapillée, à cause de tous mes péchés, * car nombreux, mes gémissements ; et mon cœur, souffrant.

2 1 Quoi ? le Seigneur a-t-il enténébré la fille de Sion ? Il a jeté à terre, depuis les cieux, la splendeur d’Israël. * Il ne s’est pas souvenu du marchepied de ses pieds, au jour de sa colère. 2 Il a englouti, le Seigneur, et n’a pas épargné toutes les demeures de Jacob ; il a démoli, dans sa fureur, les forteresses de la fille de Juda ; il [leur] a fait toucher terre ; * il a flétri la royauté et ses princes. 3 Il a brisé, dans l’ardeur de sa colère, toute la corne d’Israël ; il a fait revenir en arrière sa droite, loin de l’ennemi, * et il a allumé en Jacob comme un feu ; une flamme a dévoré autour. 4 Il a bandé son arc comme un ennemi, sa droite s’affermit comme un oppresseur, et il a tué les choses précieuses de l’œil. * Dans la tente de la fille de Sion, il a répandu comme un feu sa fureur. 5 Il a été comme un ennemi, le Seigneur ; il a englouti Israël, il a englouti tous ses palais, il a détruit ses forteresses * et il a multiplié, chez la fille de Juda, tristesse et gémissement. 6 Et il a renversé sa tente, comme un jardin ; il a détruit son lieu d’assemblée. * YHVH a fait oublier en Sion assemblée et sabbat et il a rejeté, dans la rage de sa colère, roi et prêtre. 7 Il a repoussé son autel, le Seigneur, il a dédaigné son lieu saint, il a livré dans les mains d’un ennemi les murailles de ses forteresses. * Ils ont donné de la voix dans la Maison de YHVH comme au jour de l’assemblée. 8 YHVH a pensé à détruire la muraille de la fille de Sion, il a étendu un cordeau, il n'a pas fait revenir sa droite pour ne pas engloutir. * Il a mis en deuil mur et muraille, ensemble il se sont effondrés. 9 Ses portes se sont enfoncées dans la terre, il a détruit et brisé ses verrous ; * son roi et ses princes [sont] parmi les nations, aucun enseignement aussi ; ses prophètes n'ont pas trouvé de vision venant de YHVH. 10 Ils s'assoient à terre, se taisent, les anciens de la fille de Sion ; ils ont fait monter de la poussière sur leur tête, ils ont ceint des sacs ; * elles inclinent leur tête à terre, les jeunes filles de Jérusalem. 11 Mes yeux sont épuisés de larmes, mes entrailles bouillonnent, mon foie se répand à terre, à cause de la dévastation de la fille de mon peuple, * quand défaillent petit enfant et nourrisson sur les places de la cité. 12 A leurs mères, ils disent : où [sont] le blé et le vin ? * quand ils défaillent comme frappés sur les places de la ville, quand se répand leur vie sur le sein de leurs mères. 13 Qu'est-ce que j'appellerai en témoignage ? Qu'est-ce que je dirai semblable à toi, la fille de Jérusalem ? Qu'est-ce que j'égalerai à toi, [pour] te consoler, vierge de la fille de Sion ? * car grande comme la mer ta destruction. Qui te guérira ? 14 Tes prophètes ont eu des visions pour toi, mensonge et chose insipide ; ils n'ont pas révélé ta faute pour rétablir ton repentir. * Ils ont eu pour toi des visions de sentences : mensonge et séductions. 15 Ils ont frappé des mains à ton sujet, tous les passants du chemin ; ils ont sifflé et ils ont secoué leur tête au sujet de la fille de Jérusalem, * elle, la ville dont ils disaient : Perfection de beauté, réjouissance pour toute la terre. 16 Ils ont ouvert largement la bouche contre toi, tous tes ennemis, ils ont sifflé et ils ont grincé des dents ; ils ont dit : Nous [l']avons engloutie ; * assurément, ce jour que nous attendions, nous l'avons obtenu, nous l'avons vu. 17 Il a fait, YHVH, ce qu'il avait résolu, il a réalisé son dire, ce qu'il avait décrété depuis les jours d'autrefois ; il a démoli et n'a pas épargné, * et

il a réjoui contre toi l'ennemi, il a dressé la corne de tes adversaires. 18 Il
a crié, leur cœur, vers le Seigneur. * Muraille de la fille de Sion, fais
tomber comme un torrent tes larmes pendant le jour et la nuit, qu'il n'y
ait pas de répit pour toi, que ne se taise pas la fille de ton œil. 19 Lève-
toi, gémis pendant la nuit, à la tête des veilles, répands comme de l'eau
ton cœur en présence de la face du Seigneur, * Lève vers lui tes mains
pour la vie de tes petits enfants, ceux qui ont défailli par la faim à la tête
des rues. 20 Vois, YHVH, et regarde. Qui as-tu grapillé ainsi ? * Est-ce
que des femmes dévoreront leur fruit, les petits enfants [enveloppés] de
tendres soins ? Est-ce que sera tué dans le sanctuaire du Seigneur, prêtre
et prophète ? 21 Ils sont couchés à terre dans les rues, jeune homme et
ancien ; mes vierges et mes jeunes gens sont tombés par l'épée. Tu as
tué au jour de ta colère, tu as égorgé, tu n'as pas épargné. 22 Tu as appelé,
comme au jour de l'assemblée, mes terreurs alentour et il n'a pas été,
au jour de la colère de YHVH, un rescapé et un survivant. * Ceux dont
j'avais pris soin et que j'avais fait grandir, mon ennemi les a achevés.

3 1 Moi, l'homme qui a vu l'affliction, par le bâton de son emportement. 2 Moi, il m'emmène, il me fait aller dans l'obscurité non dans la
lumière. 3 Seulement contre moi, il se retourne, il tourne sa main tout le
jour. 4 Il a consumé ma chair et ma peau, il a brisé mes os. 5 Il a bâti
autour de moi, il m'a encerclé par le poison et la peine. 6 Dans les ténèbres, il m'a fait habiter comme les morts, éternellement. 7 Il m'a entouré d'un mur et je ne sortirai pas ; il a fait peser ma chaîne. 8 Même
quand je crie et supplie, il étouffe ma prière. 9 Il a muré mes chemins
avec des pierres de taille ; il a fait dévier mes sentiers. 10 Il est pour moi
un ours se tenant en embuscade, un lion dans des cachettes. 11 Mes chemins, il les a détournés et il m'a déchiré. 12 Il a bandé son arc et il m'a

placé comme la cible pour la flèche. 13 Il a fait venir dans mes reins les
fils de son carquois. 14 J'ai été un objet de risée pour tout mon peuple,
leur chanson tout le jour. 15 Il m'a rassasié d'amertumes, il m'a abreuvé
d'absinthe. 16 Et il a fait broyer mes dents avec du gravier et il m'a enfoui dans la poussière. 17 Et tu as écarté mon âme loin de la paix ; j'ai
oublié le bonheur. 18 Et j'ai dit : elle est perdue, ma force, et mon espérance, loin de YHVH. 19 Souviens-toi de mon affliction et de ma misère :
absinthe et poison. 20 Souviens-toi, souviens-toi, mon âme se prosterne
en moi. 21 Je fais tourner ceci dans mon cœur, c'est pourquoi j'attends.
22 Car les fidélités de YHVH ne sont pas épuisées, car ses miséricordes
ne sont pas achevées. 23 Elles sont nouvelles chaque matin, grande est
sa stabilité. 24 Ma part, [c'est] YHVH, a dit mon âme, c'est pourquoi
j'attends. 25 Il est bon, YHVH, pour ceux qui espèrent en lui, pour l'âme
qui le recherche. 26 Il est bon d'attendre en silence le salut de YHVH.
27 Il est bon pour l'homme de porter un joug dès sa jeunesse. 28 Qu'il
soit assis seul et qu'il se taise parce qu'il le lui a imposé. 29 Qu'il mette
sa bouche dans la poussière ; peut-être y aura-t-il une espérance ?
30 Qu'il donne la joue à celui qui le frappe, qu'il soit rassasié d'insultes.
31 Car le Seigneur ne rejette pas pour toujours. 32 Car s'il afflige, il a de
la tendresse, selon l'abondance de son amour. 33 Car ce n'est pas selon
son cœur qu'il oppresse et afflige des fils d'homme. 34 Pour écraser sous
ses pieds tous les prisonniers de la terre, 35 pour faire dévier le droit d'un
homme devant la face du Très Haut, 36 pour condamner un humain dans
un procès, le Seigneur n'a-t-il pas vu ? 37 Qui est celui qui a parlé et cela
a été ? N'est-ce pas le Seigneur ? 38 Ne sortent-ils pas de la bouche du
Seigneur, les maux et le bonheur ? 39 Comment un humain vivant, un
homme, se plaint-il au sujet de ses péchés ? 40 Que nous explorions nos
voies, et que nous examinions et que nous revenions à YHVH. 41 Que

nous élevions notre cœur sur nos mains vers Dieu, dans les cieux.
42 Nous nous sommes révoltés et nous nous sommes rebellés ; toi, tu
n'as pas pardonné. 43 Tu t'es enveloppé dans la colère et tu nous as poursuivis, tu as tué et tu n'as pas épargné. 44 Tu t'es enveloppé dans une
nuée pour toi, pour que la prière ne passe pas. 45 Ordure et rejet, tu nous
as placés au milieu des peuples. 46 Nos ennemis ont grand ouvert leur
bouche contre nous. 47 Frayeur et fosse, sont pour nous, la désolation et
la dévastation. 48 Des ruisseaux d'eau, tombera mon œil, à cause de la
dévastation de la fille de mon peuple. 49 Mon œil coule et ne cesse pas,
sans relâche, 50 jusqu'à ce que YHVH se penche et voit, depuis les cieux.
51 Mon œil a fait le grappillage de mon âme, à cause de toutes les filles
de ma Ville. 52 Poursuivi, ils m'ont poursuivi comme un oiseau, ceux
qui me haïssent sans cause. 53 Ils ont anéanti ma vie dans une citerne et
ils ont jeté des pierres contre moi. 54 Des eaux ont coulé sur ma tête ;
j'ai dit : je suis rejeté. 55 J'ai crié ton nom YHVH depuis une citerne
depuis les profondeurs. 56 Tu as entendu ma voix, ne cache pas ton
oreille à mon cri, pour mon soulagement. 57 Tu t'es approché, au jour
où j'appelais. Tu as dit : ne crains pas. 58 Tu as défendu, Seigneur, les
causes de mon âme, tu as racheté ma vie. 59 Tu as vu, YHVH, le tort
qu'on me fait, pose mon jugement. 60 Tu as vu tout leur emportement,
toutes leurs machinations contre moi. 61 Tu as entendu leur insulte,
YHVH, toutes leurs machinations contre moi. 62 Les lèvres de ceux qui
s'élèvent contre moi et leur murmure, contre moi tout le jour ! 63 Qu'ils
soient assis ou debout, regarde : moi, je suis leur chanson. 64 Tu feras
revenir vers eux la pareille, YHVH, selon l'œuvre de leurs mains. 65 Tu
leur donneras un bouclier de cœur ; ta malédiction pour eux ! 66 Tu [les]
poursuivras avec colère et tu [les] détruiras de dessous les cieux, YHVH.

4 1 Quoi ? L'or se ternit-il, s'altère-t-il le bon or pur, * se répandent-
elles, les pierres de sainteté, en tête de toutes les rues ? 2 Les fils de Sion,
les précieux, du même prix que l'or pur, * Quoi ? Sont-ils considérés
comme des pots d'argile, œuvre des mains d'un artisan ? 3 Même les
chacals découvrent la mamelle ; ils allaitent leurs petits ; * la fille de
mon peuple est cruelle comme les autruches. 4 La langue de celui qui
tête est collée à son palais à cause de la soif ; * des petits enfants demandent du pain, personne ne leur en offre. 5 Ceux qui se nourrissaient
de mets délicats, sont languissants par les rues, * ceux qui étaient élevés
dans des étoffes pourpres, étreignent du fumier. 6 Elle est grande, la
faute de la fille de mon peuple, plus que le péché de Sodome * qui fut
renversée en un instant, et deux mains ne se sont pas tournées contre
elle. 7 Ils étaient purs, ses nazirs, plus que la neige ; ils étaient blancs
plus que le lait. * Ils étaient rouges de corps, plus que les coraux et leur
figure comme le saphir. 8 Leur apparence est obscure plus que la suie,
ils ne sont pas reconnus dans les rues ; * leur peau est ridée sur leur
corps ; elle est desséchée, elle est comme le bois. 9 Les victimes de
l'épée sont heureuses plus que les victimes de la faim ; * elles sont
mortes, exténuées [de faim], loin des produits des champs. 10 Des mains
de femmes compatissantes ont fait bouillir leurs enfants ; * elles sont
pour eux des vampires, dans la dévastation de la fille de mon peuple.
11 YHVH a achevé sa fureur ; il a répandu l'ardeur de sa colère * et il a
embrasé un feu dans Sion et a dévoré ses fondations. 12 Ils n'ont pas cru,
les rois de la terre, tous les habitants du monde, * que viendrait un adversaire et un ennemi dans les portes de Jérusalem. 13 [C'est] à cause
des péchés de ses prophètes, des fautes de ses prêtres, * qui ont répandu
en son sein, du sang de justes. 14 Ils ont erré, aveugles, dans les rues,
souillés par le sang ; * alors qu'ils ne [le] pouvaient pas, ils touchaient

leurs vêtements. [15] « Ecartez-vous, [c'est] impur ! leur crie-t-on. Ecartez-vous ! Ecartez-vous ! Ne touchez pas ! » Alors ils sont partis, ils ont
pourtant erré. * Ils ont dit parmi les nations : « Ils ne continueront pas
à séjourner. » [16] La face de YHVH les a dispersés, il ne continuera pas
à les regarder ; * ils n'ont pas regardé avec faveur la face des prêtres, et
aux anciens ils n'ont pas fait grâce. [17] Nous encore, nos yeux se sont
épuisés [dans l'attente de] notre secours. En vain ! * Aux aguets, nous
avons guetté une nation qui ne sauve pas. [18] Ils ont pourchassé nos pas
pour que nous n'allions pas sur nos places. * Notre fin approche, nos
jours sont accomplis car notre fin est venue. [19] Légers étaient nos poursuivants, plus que des aigles des cieux. * Sur les montagnes, ils nous
pourchassaient ; dans le désert, ils se mettaient en embuscade pour nous.
[20] Le souffle de nos narines, l'oint de YHVH, a été capturé dans leurs
fosses, * lui dont nous disions : A son ombre, nous vivrons parmi les
nations. [21] Sois dans l'allégresse et réjouis-toi, fille d'Edom, qui habites
dans le pays de Outs. * Pour toi aussi, une coupe passera ; tu en seras
enivrée et tu seras nue. [22] Ta faute est finie, fille de Sion, il ne continuera
pas à t'exiler. * Il a puni ta faute, fille d'Edom, il a découvert tes péchés.

5 [1] Souviens-toi, YHVH, de ce qui a été pour nous ; regarde et vois
l'insulte envers nous. [2] Notre héritage a passé à des étrangers, nos maisons à des hommes venus d'ailleurs. [3] Nous sommes orphelins, sans
père, et nos mères comme des veuves. [4] Notre eau, contre de l'argent,
nous [l']avons bue ; nos bois viennent contre un paiement. [5] Nous étions
poursuivis de près ; nous sommes fatigués et il n'est pas laissé de repos
pour nous. [6] Egypte, Assyrie, ils ont étendu la main, pour se rassasier de
pain. [7] Nos pères ont péché et, non pas eux mais nous, avons supporté
leurs fautes. [8] Des serviteurs dominent sur nous, personne n'arrachant

de leur main. 9 [Au péril de] notre vie, nous faisons venir notre pain, à
cause de l'épée du désert. 10 Notre peau, comme un four ; nous sommes
noircis à cause des ardeurs de la faim. 11 Ils ont déshonoré des femmes
dans Sion, des vierges dans les villes de Juda. 12 Des princes ont été
pendus par leur main ; les faces des vieillards n'ont pas été honorées.
13 Les jeunes gens ont porté la meule et les jeunes garçons ont trébuché
sous le bois. 14 Les anciens ont cessé [de se trouver] à la porte de la ville,
les jeunes gens ont cessé leurs chansons. 15 Elle a cessé, la joie de notre
cœur ; notre danse a été changée en deuil. 16 Elle est tombée, la couronne de notre tête ; donc malheur pour nous, car nous avons péché.
17 A cause de ceci, notre cœur est souffrant ; à cause de ces choses, nos
yeux se sont obscurcis. 18 Sur le mont Sion qui a été dévasté, des renards
rôdent sur lui. 19 Toi, YHVH, tu sièges pour toujours sur un trône, de
génération en génération. 20 Pourquoi nous oublierais-tu pour la victoire ? nous abandonnerais-tu à longueur de jours ? 21 Fais-nous revenir
vers toi, YHVH, et que nous revenions ; renouvelle nos jours comme
autrefois. 22 Car est-ce que tu nous as rejetés, rejetés ? [Est-ce que] tu es
irrité contre nous toujours ?

Présentation

Les cinq lamentations concernent Jérusalem, mais sous des angles divers.

La première relit la première prise de Jérusalem, en faisant porter l'attention sur la cause : elle est un châtiment pour ses péchés.

Dans la seconde, c'est l'auteur de la catastrophe qui retient l'attention ; et cet auteur n'est autre que Dieu lui-même.

Dans la troisième, une question cruciale est posée : pourquoi la souffrance ?

La quatrième porte un regard rétrospectif sur l'anéantissement, et dégage quelques points qui continuent à hanter l'esprit des Judéens.

La dernière lamentation, enfin, déplace le regard du passé au présent et se désole sur le sort des survivants. Dieu rejetterait-il pour toujours ?

Première lamentation
La prise de Jérusalem, châtiment pour les péchés

Le premier poème, à la manière des complaintes funèbres, relate la défaite de Jérusalem. Il peut se diviser en deux sections, de onze versets chacune.

Dans la première (1,1-11), un chœur de pleureuses se lamente sur la Ville en présentant la situation désastreuse qui était la sienne : une partie de la population a été emmenée à Babylone ; les pèlerins ne viennent plus à Sion pour les fêtes ; la population est dans la désolation. Jérusalem prend ensuite brièvement la parole par deux fois et en appelle au Seigneur.

Dans la seconde section (1,12-22), Jérusalem revient sur ses malheurs et se lamente à son tour sur son sort. Mais alors que les pleureuses n'avaient mentionné le rôle qui revient au Seigneur qu'en passant (1,5), Jérusalem en fait le cœur de sa lamentation : Dieu l'a châtiée en raison de ses péchés.

Typographie : le texte attribué au chœur des pleureuses est en caractères droits ; celui qui est attribué à Jérusalem est en italique.

Contexte historique

Jérusalem est une première fois conquise et pillée par les Chaldéens en 597. Un premier exil a donc lieu pendant le règne de Jékonias, roi de Juda. Environ trois mille Judéens ont été déportés en Babylonie, après que le Temple de Jérusalem eut été partiellement pillé. La classe dirigeante est emmenée à Babylone ; le roi, les membres de la famille royale, l'élite administrative et sacerdotale : prêtres, scribes, hauts fonctionnaires, ainsi que les artisans métallurgistes. Le deuxième livre des Rois en a transmis le souvenir :

En ce temps, les serviteurs de Nabuchodonosor marchèrent contre Jérusalem, et cette ville subit un siège. Nabuchodonosor, roi de Babylone, arriva lui-même pour attaquer la ville, pendant que ses serviteurs l'assiégeaient. Alors Jékonias, roi de Juda, sortit pour se rendre au roi de Babylone avec sa mère, ses serviteurs, ses grands et ses officiers ; le roi de Babylone le fit prisonnier la huitième année de son règne. Il emporta de Jérusalem tous les trésors de la maison de Dieu, ainsi que les trésors du palais royal, et il mit en pièces tous les vases d'or faits par Salomon pour le sanctuaire divin. C'est ce que l'Eternel avait prédit. Il emmena en exil tout Jérusalem, tous les grands et tous les vaillants hommes de guerre, au nombre de dix mille exilés, ainsi que tous les forgerons et serruriers ; il ne resta sur place que la classe inférieure de la population du pays. Il envoya aussi Jékonias captif à Babylone ; de même la mère du roi, les femmes du roi, ses eunuques et les personnages d'élite du pays, il les emmena en exil de Jérusalem à Babylone. En outre, tous les hommes de guerre, au nombre de sept mille, les forgerons et serruriers, au nombre de mille, tous gens vaillants, habitués à la guerre, le roi de Babylone les conduisit en captivité à Babylone (2 R 24,10-16).

C'est bien ce contexte que l'on trouve dans la première lamentation : exil, cessation des fêtes de pèlerinage, domination étrangère après que Jérusalem a été vaincue, captivité pour une partie de la population, les princes qui fuient devant les envahisseurs, les trésors du Temple pillés, la famine partout.

Lamentation des pleureuses (1,1-11)

[1] Quoi ? Elle est assise solitaire, la ville nombreuse en peuple ? Elle est comme une veuve ;

* Nombreuse parmi les nations, princesse parmi les provinces, elle est à la corvée.

[2] Elle pleure, elle pleure dans la nuit et des larmes sur la joue ; pas de consolateur pour elle parmi tous ses amants.

* Tous ses amis l'ont trahie ; ils sont devenus pour elle des ennemis.

[3] Elle est exilée, Juda, à cause de la misère et de l'abondance de servitude, elle est assise parmi les nations ; elle n'a pas trouvé de repos.

* Tous ses poursuivants l'ont atteinte dans des lieux resserrés.

[4] Les chemins de Sion, endeuillés, faute de gens venant à ses fêtes ; toutes ses portes, dévastées ; ses prêtres, gémissants ;

* ses vierges, affligées ; et elle, amertume pour elle.

[5] Ses adversaires sont à la tête, ses ennemis sont en paix, car le Seigneur l'a affligée à cause de ses nombreuses transgressions ;

* ses petits enfants sont allés en captivité, devant un adversaire.

[6] Et elle est sortie de la fille de Sion, toute sa gloire ;

* ses princes sont comme des cerfs, ils ne trouvent pas de pâturage et partent, sans force, devant un poursuivant.

7 Elle se souvient, Jérusalem, aux jours de son affliction et de ses errances, de tout ce qu'elle avait de précieux depuis les jours d'autrefois,

* quand son peuple est tombé dans la main d'un ennemi et personne ne l'a secourue ; des ennemis l'ont vue, ils se sont moqués de sa désolation.

8 Un péché, a péché Jérusalem ; c'est pourquoi elle est devenue objet d'horreur.

* Tous ceux qui la glorifiaient, la méprisent, car ils ont vu sa nudité ; aussi elle gémit et se retourne en arrière.

9 Son impureté sur les pans de sa robe, elle ne s'est pas souvenue de son après et elle est tombée prodigieusement, et personne ne la console.

* *Vois, YHVH, mon affliction, car un ennemi s'est levé.*

10 Un adversaire a étendu sa main sur tout ce qu'elle avait de précieux,

* car elle a vu : « Les nations venaient vers son sanctuaire où tu avais ordonné qu'elles ne viennent pas, dans ton assemblée. »

11 Tout son peuple gémissant, cherchant du pain, ils ont donné toutes leurs choses précieuses pour de la nourriture, pour faire revenir la vie.

* *Vois, YHVH, et regarde, car je suis avilie.*

Aleph. Le « Quoi ? » exprime la stupeur de quelqu'un en deuil, désorienté, perdu. Comment est-ce possible ? Comment peut-on l'imaginer ? Comment exprimer une douleur si intense ? C'est ainsi que commencent les pleureuses. Une lamentation du livre d'Isaïe, qui concerne aussi Jérusalem, débute de la même façon : « Quoi ? » : *Quoi ? Elle est devenue une prostituée, la cité fidèle ?* (Is 1,21). La proximité des deux textes est grande, car le thème de l'infidélité d'Israël se trouve aussi dans la première lamentation, au deuxième verset. Mais c'est d'abord la solitude qui est mise en avant. Baruch fait dire de même à Sion : *Je subis la solitude pour les péchés de mes enfants* (Ba 4,12).

Cette solitude, pour Baruch, est comparable à celle d'une veuve (cf. 5,3) : *On emmène les fils chéris de la veuve, on la laisse toute seule, privée de ses filles* (Ba 4,16). C'est la même alliance entre solitude et veuvage que dans la première lamentation ; elle traduit une situation d'infamie (cf. Is 54,4), car la veuve n'a ni statut juridique, ni protecteur. Ceci contraste avec sa situation passée ; Jérusalem, en effet, qui n'est pas nommée, était une ville au peuple nombreux, selon la bénédiction faite par Dieu, à plusieurs reprises, dans le livre de la Genèse. Il avait été promis à Isaac, en particulier : *Qu'El Shaddaï te bénisse, qu'il te fasse porter du fruit et te rende nombreux et tu deviendras une assemblée de peuples* (Gn 28,3). *Et vous serez réduits à une poignée d'hommes, après avoir égalé en multitude les étoiles du ciel, parce que tu auras été sourd à la voix de l'Éternel, ton Dieu* (Ba 2,29). Le contraste entre le passé et le présent était annoncé dans le Deutéronome : *Vous subsisterez avec des hommes en petit nombre, vous qui étiez pour le nombre comme les étoiles des cieux* (Dt 28,62). Effectivement,

Jérusalem était « nombreuse parmi les nations », elle dominait les provinces et en recevait tribut ; or, maintenant, c'est elle qui paye tribut à Nabuchodonosor, par ses travaux : elle est réduite au servage. Elle est assise en signe de deuil (cf. Is 3,26).

Beth. Jérémie avait appelé des pleureuses, pour accompagner les pleurs des Judéens sur le sort de Jérusalem : *Qu'elles se hâtent et qu'elles élèvent sur nous des gémissements et que nos yeux descendent en larmes et que nos paupières ruissellent* (Jr 9,17). C'est bien ce que rappelle le chœur. Pourquoi pleurer ? Alors que Jérusalem, comme une femme prostituée, avait de nombreux amants au temps de sa splendeur, tous l'ont délaissée (Jr 30,14) ; personne ne vient la consoler : Assyriens et Egyptiens (cf. Ez 16 et 23) l'ont abandonnée. Jérémie disait de même : *Tes amants t'ont oubliée, ils ne te cherchent pas* (Jr 30,14). La Ville a été trahie par ses anciens amis qui sont devenus des ennemis. Edom était peut-être aussi du nombre de ses anciens alliés. Mais Dieu seul est le véritable consolateur, car lui seul peut sauver (cf. Is 12,1 ; 40,1).

Guimel. Le regard se déplace de la Ville sur Juda qui est présenté au féminin ; les deux semblent se superposer. Juda a manqué d'humanité, en faisant subir à d'autres, misère et servitude. Elle est donc exilée parmi les nations, sans connaître de repos. Elle a bien essayé d'échapper à ceux qui la poursuivaient, mais ils ont fini par la bloquer en des lieux resserrés — signe d'une situation désespérée — et ils se sont emparés d'elle, pour la conduire en exil.

Daleth. La Ville, Juda, et maintenant Sion, où les habitants de Juda montaient en pèlerinage trois fois l'an. Désormais, les chemins qui y conduisent sont endeuillés, car plus personne ne les emprunte : les gens sont morts ou partis en exil. Jérémie fait écho à cette situation : *Juda est en deuil et ses portes tombent en ruine* (Jr 14,2). Le chœur se lamente non seulement sur les portes de la ville dévastées, mais aussi sur les prêtres qui gémissent et sur les vierges affligées. Les uns et les autres jouaient un grand rôle, soit dans le culte, soit dans les cortèges. A cause de tout cela, Sion est plongée dans l'amertume.

Hé. Le poète résume la situation : Sion est sous la domination de ses ennemis, les Chaldéens. Eux sont maintenant en paix, car ils ont remporté la victoire. En effet, le Seigneur a châtié Sion, à cause de ses nombreuses fautes. Toute l'Ecriture, en particulier Jérémie, attribue le malheur de la ville sainte à ses transgressions : les Judéens n'ont pas gardé la *Torah* du Seigneur (Jr 16,10-12) ; leurs trésors ont été livrés au pillage, à cause du péché d'idolâtrie (cf. Jr 17,3) ; Dieu a corrigé Jacob, à cause de la grandeur de sa faute (Jr 30,14). Cet enseignement est récurrent tout au long du livre des *Lamentations* (1,5.8.14.18 ; 3,42 ; 4,6.22 ; 5,7-16). Concrètement, les conséquences du péché se traduisent par le départ en captivité des petits enfants de Sion, poussés par l'adversaire (cf. Dt 28,41).

Vav. Après Sion, qu'en est-il de la fille de Sion ? Les deux expressions recouvrent en fait une seule réalité, mais « fille » personnifie la cité comme une femme. La splendeur de Sion, c'était le culte dans le Temple, les sacrifices et les fêtes ; et maintenant toute sa splendeur l'a quittée ; le culte a pris fin. Ses princes, symboles de sa splendeur, sont errants comme des cerfs qui ne trouvent pas où pâturer. Ils sont sans force et partent, comme les petits enfants (1,5), pour essayer d'échapper à ceux qui les poursuivent.

Zahin. La Ville, Juda, Sion, la fille de Sion, toutes ces dénominations sont des façons diverses de parler de Jérusalem qui est enfin nommée. Car la lamentation est sur Jérusalem. Les six premiers versets ont dépeint sa situation et celle de ses habitants : deuil, captivité, famine, cessation du culte... Et la seule réaction face à ce désastre, avait été les pleurs.

Mais au milieu de ses pleurs et de son affliction pour la punition qu'ont entraînée son péché et son éloignement de Dieu, Jérusalem fait mémoire du passé ; elle se souvient de tous les dons de Dieu, de tout ce qu'elle avait de précieux qui captivait son cœur : le Temple avec les solennités et les sacrifices, la *Torah* qui est la joie du cœur et la lumière des yeux. Cela existait depuis les jours d'autrefois, jours de bonheur ; maintenant des jours d'affliction sont survenus, quand le peuple a été vaincu, sans que personne ne vienne à son secours. Des ennemis l'ont vue, mais ils se sont moqués de sa situation de captive, de la fin de son bonheur.

Heth. Les pleureuses rappellent la responsabilité de Jérusalem. Elle a doublement péché, elle a commis péché sur péché : elle est devenue infidèle à l'alliance et donc objet d'horreur, tellement sa souillure est grande (cf. Lv 15,19). Jérémie dénonce les œuvres mauvaises de Juda (Jr 7,6.9) : oppression de l'étranger, sang innocent répandu dans le Temple, vol, meurtre, etc., sans oublier les cultes rendus aux idoles (Jr

7,18-19). Tout le monde se détourne d'elle et la met à l'écart à cause de son impureté.

Tous ceux qui la glorifiaient, se sont mis à la mépriser ; elle a été dépouillée de son vêtement, comme une épouse infidèle (cf. Os 2,5) ; sa nudité a été découverte, ce qui est le châtiment réservé à une femme adultère. C'est le châtiment pour son péché. Jérémie y fait allusion : *Par la grandeur de ta faute, les pans de ta robe ont été découverts [...] Moi-même, je relèverai les pans de ton voile sur ta face et ce qui fait ta honte sera vu* (Jr 13,22.26). Ezéchiel ne dit pas autre chose : *Voici que je rassemble tous les amants à qui tu as plu, tous ceux que tu as aimés, comme tous ceux que tu as haïs ; de tous côtés je les rassemble contre toi, je dévoile ta nudité devant eux, et ils voient toute ta nudité* (Ez 16,37 ; cf. Is 47,3). Concrètement, cela peut être une allusion au fait que les prisonniers partaient nus. Prise de honte, Jérusalem gémit et se retourne en arrière (שוב) (cf. Is 42,17) ; elle jette un regard sur le passé.

Teth. C'est sur les pans de sa robe que se trouvait son impureté. « Pans » désigne ici la vallée de Ben Hinnom qui est située au bas du Tophet, lieu où des sacrifices d'enfants étaient offerts à Moloch (Jr 7,31). Mais Jérusalem n'a pas pensé aux conséquences de ses actes, *elle ne s'est pas souvenue de son après*, du châtiment qui pouvait en résulter. Aussi est-elle tombée prodigieusement : le retournement de situation a été d'autant plus rude, qu'elle avait mis sa confiance dans sa prospérité. Et, comme au verset 2, il est souligné que personne ne la console. C'est un thème récurrent dans les *Lamentations*.

Alors, pour la première fois, Jérusalem prend la parole, brièvement. Ce n'est pas une parole de repentir, mais une parole de supplication. Elle demande au Seigneur de la prendre en pitié, de mettre un terme à sa colère contre elle. Elle implore son secours et lui demande de jeter un regard sur son affliction, car son ennemi s'est levé. Le Seigneur le sait parfaitement, puisque c'est lui qui l'a envoyé, en guise de châtiment.

Yod. Les pleureuses reprennent la parole. Après avoir mis en lumière le péché de Jérusalem, elles évoquent la situation de misère dans laquelle elle est tombée. L'adversaire, en effet, a fait main basse sur tous les trésors du Temple (2 R 24,13), biens précieux entre tous. Jérusalem donc, a vu ce que le Seigneur avait interdit, car les nations païennes ont pénétré dans son Temple, dans son assemblée (Dt 23,2-8), là *où tu avais ordonné qu'elles ne viennent pas*. Le tutoiement montre que les pleureuses, comme Jérusalem vient de le faire, s'adressent maintenant à Dieu.

Ezéchiel permet de mieux comprendre la portée de leur intervention : *Ainsi parle le Seigneur Dieu : Aucun étranger, incirconcis de cœur et incirconcis de chair, n'entrera dans mon sanctuaire ; aucun étranger qui réside au milieu des fils d'Israël* (Ez 44,9). A plus forte raison des envahisseurs !

Kaph. Les pleureuses passent alors de la confiscation des biens du Temple, à la perte des biens personnels. L'ennemi, en effet, a pris les biens du Temple, mais le peuple a donné à son tour ses biens propres, ses choses précieuses, en échange de nourriture, pour que la vie revienne, en eux qui sont à bout de force. Leur souffle court est prêt à s'éteindre (Dt 28,65) ; la mort est proche.

Jérusalem reprend alors la parole et s'adresse au Seigneur, lui demandant de jeter un regard sur son avilissement ; le contraste est grand, en effet, avec sa gloire antérieure. Il faut se souvenir que, dans un passé récent, la réforme de Josias avait marqué l'apothéose du Royaume de Juda.

Lamentation de Jérusalem (1,12-22)

Sa souffrance vient de Dieu (1,12-19)

12 *Non pas pour vous, tous les passants de la route : Regardez et voyez s'il y a une douleur comme ma douleur, [celle] qui m'est infligée,*

** [celle] dont YHVH m'a affligée au jour de l'ardeur de sa colère.*

13 *D'en haut, il a envoyé un feu dans mes os et il [le feu] les a dévorés.*

** Il a étendu un filet, il me fait revenir en arrière, il m'a rendue désolée ; tout le jour souffrante.*

14 *Il est lié par sa main, le joug de mes crimes ; ils s'entrelacent, ils sont montés sur mon cou ; il a fait trébucher ma force.*

** Le Seigneur m'a livrée en des mains dont je ne pourrai pas me relever.*

15 *Il a abattu tous mes vaillants, le Seigneur, du milieu de moi ; il a convoqué un temps pour briser mes jeunes gens.*

** Le pressoir, le Seigneur a foulé, pour la vierge de la fille de Juda.*

[16] Sur ces choses, moi, je pleure ; mon œil, mon œil répand de l'eau, car il s'est éloigné loin de moi, le consolateur, celui qui fait revenir la vie.

** Mes fils sont dans la désolation, car l'ennemi a vaincu.*

[17] Elle a étendu ses mains, Sion, personne ne la console ; YHVH a commandé, pour Jacob, ses adversaires autour de lui.

* Jérusalem est devenue une impureté parmi eux.

[18] [Il est] juste, YHVH ; car contre sa bouche, j'ai été rebelle.

** Ecoutez donc, tous les peuples, et voyez ma douleur ; mes vierges, mes jeunes gens, sont allés en captivité.*

[19] J'ai crié vers mes amants ; eux, ils m'ont trompée. Mes prêtres, mes anciens ont péri,

** quand ils cherchaient, pour eux, de la nourriture, pour faire revenir la vie.*

Lamèd. Jérusalem est sous le choc d'une épreuve si grande, qu'elle souhaite à tous ceux qui passent, à ceux qui voient sa détresse, à tous les peuples donc, de ne jamais voir fondre sur eux un pareil malheur. Elle utilise la formule du serment : que cela ne vous arrive pas ! Et elle les invite, non seulement à regarder, mais à voir sa douleur. Peut-il y avoir douleur aussi grande que celle qui lui est infligée ? par qui ? par YHVH lui-même ! C'est lui qui l'a *affligée au jour de l'ardeur de sa* *colère*. Son châtiment vient de Dieu. La colère de YHVH s'est emportée contre elle, colère qui châtie et purifie, qui châtie pour purifier.

Mèm. Deux images servent à exprimer maintenant, la force de la colère de Dieu : le feu et le filet, cause de la profonde douleur de Jérusalem. Dieu, en effet, a envoyé un feu du ciel dans ses os (cf. Ps 6,3 ; 31,11 ; 32,3) et le feu les a consumés. Or les os représentent la puissance ; ils demeurent intacts même après la mort ; ils représentent l'identité d'un être. Le Seigneur a aussi étendu un filet de chasseur (Ps 140,6 ; Jb 18,8 ; Os 5,1). Il a pu ainsi l'attraper et la maîtriser (Ez 12,13 ; 17,20 ; 19,8 ; 32,3 ; Os 7,12). Il a arrêté l'élan qui la portait à pécher et l'a fait revenir en arrière (שוב), en mettant un obstacle sur sa route : c'est le premier pas vers la conversion.

Mais la conséquence est terrible : Jérusalem se trouve dans une situation tragique (cf. 1,7). Elle est désolée, sans aucune consolation, en proie à une souffrance ininterrompue, comparable à celle d'une femme au moment de ses règles (Lv 15,33), ainsi que l'indique le verbe employé.

Noun. Pour maîtriser complètement Jérusalem dont il a arrêté l'élan, Dieu attache sur elle avec sa main, un joug, le joug que lui ont attiré ses crimes sans nombre librement commis. La punition est en fait constituée par les conséquences mêmes des fautes commises. Ses crimes, en effet, appelés par les pleureuses errances et péché, sont immenses ; ils s'entrelacent et sont montés jusqu'à son cou, menaçant de l'étouffer.

Par le poids du joug, Dieu a affaibli encore un peu plus Jérusalem : sa force a trébuché, l'obstacle lui a fait perdre l'équilibre. Puis, une fois affaiblie, le Seigneur l'a livrée aux mains d'ennemis et elle ne pourra plus se relever. Cela est clair : Dieu est le véritable auteur du châtiment qui l'atteint ; il assume la responsabilité de ce qu'ont fait ses adversaires ; ce que Jérusalem détaille maintenant au verset 15.

Samèkh. Concrètement, le châtiment du Seigneur a anéanti les forces des vaillants et des jeunes gens de la Ville, eux qui protégeaient et défendaient le peuple. Ces derniers sont tombés à l'occasion d'une fête, temps fixé pour la rencontre avec le Seigneur (Lv 23,2). Jérusalem le traduit par l'image du pressoir, familière aux prophètes (Jl 4,13 ; Is 62,2-3). Dieu, dans sa colère, foule ceux qu'il veut châtier ; il les piétine avec fureur. C'est ce qui est arrivé aux habitants de Jérusalem. Dieu les a foulés dans un pressoir, pour donner le vin de sa colère en breuvage à la « vierge de la fille de Juda », autant dire à Jérusalem.

Ayin. Sur tout cela, Jérusalem pleure abondamment (cf. 1,2) ; des ruisseaux sortent de ses yeux. Les malheurs qui l'ont atteinte lui font verser des larmes, pas seulement à cause de la souffrance ressentie, mais surtout parce qu'elle y voit un éloignement de Dieu : Dieu maintenant est loin d'elle, lui le consolateur qui peut, seul, fortifier sa vie défaillante, lui redonner des forces. Cet éloignement est une souffrance encore plus grande que celle qu'a provoquée la mort de ses habitants, ses fils. Ceux qui y ont échappé sont dans la désolation, car ils sont coupés de la source de la consolation, le Seigneur.

Pé. Le chœur des pleureuses interrompt la lamentation proférée par Jérusalem. Il confirme ce qui vient d'être dit : Jérusalem, en effet, a beau lever les mains vers le Seigneur — geste qui exprime la douleur —, personne ne vient la consoler ; Dieu n'entend pas. Il a envoyé des adversaires encercler Jacob, son peuple, et cela a rendu Jérusalem impure, car la Ville sainte est envahie d'hommes étrangers et impies. A cause de cette impiété, le Seigneur l'a mise à l'écart.

Tsadè. Une certitude sert cependant de repère à Jérusalem, pour apprécier l'attitude du Seigneur à son endroit : YHVH est juste, ses actes sont en accord avec les exigences de l'alliance. YHVH est logique avec lui-même ; il châtie qui transgresse la Loi. Donc, comme Jérusalem a été rebelle — elle s'est insurgée contre la Parole qui sort de la bouche de Dieu (cf. Is 55,11) —il est normal qu'il la châtie ; ce n'est que justice. Jérusalem confesse son tort devant Dieu.

Elle invite donc les peuples à l'écouter et, à nouveau, les prend comme témoins de sa douleur (cf. 1,12). Toute sa jeunesse, ses vierges et ses jeunes gens, ne sont-ils pas partis en captivité ?

Kof. Jérusalem reconnaît son péché : elle a crié vers ses amants (cf. 1,12) ; comme une femme adultère, elle a été infidèle à l'alliance et s'est tournée vers les nations païennes, l'Assyrie et l'Egypte. Et, qui sait, peut-être a-t-elle servi leurs dieux ? Quoi qu'il en soit, elle avait mis en eux son espérance et ils l'ont trompée. Ils se sont retournés contre elle : la ville a été assiégée ; prêtres et anciens ont été tués, alors qu'ils cherchaient de la nourriture pour survivre. Ils ont péri, dit le poète. La plupart sont partis en exil, mais peut-être que certains de ceux qui sont restés, sont morts de faim ? Les pleureuses avaient dit (1,11) que tous les habitants avaient donné leurs biens précieux, pour avoir de la nourriture ; ici, nous apprenons qu'en se livrant à cette recherche, les chefs ont perdu la vie, au lieu de la fortifier.

Confession et imprécation (1,20-22)

20 *Vois, YHVH, car [c'est] détresse pour moi ; mes entrailles sont agitées, mon cœur se renverse en moi, car je me suis rebellée, rebellée.*

** Au dehors, l'épée a privé d'enfants, comme la mort dans la maison.*

21 *Entends que je gémis, moi ; personne pour me consoler. Tous mes ennemis ont entendu mon malheur ; ils se sont réjouis, car toi, tu l'as fait !*

** Tu as fait venir un jour que tu avais appelé ; et qu'ils deviennent comme moi.*

22 *Que vienne leur méchanceté devant toi et grapille-les comme tu m'as grapillée, à cause de tous mes péchés,*

** car nombreux, mes gémissements ; et mon cœur, souffrant.*

Resh. Après avoir exposé sa détresse, comme l'avaient déjà fait les pleureuses pour elle, Jérusalem s'adresse au Seigneur. Elle l'implore à nouveau (cf. 1,9.11), mais plus longuement. Elle lui demande de porter son regard sur sa détresse, dans la situation où elle est. Tout son être en est remué. Ses entrailles, organe caché, siège des émotions et des sentiments, mais aussi de la douleur, sont secouées violemment. Quant à son cœur, autre organe caché, centre de l'intelligence, de la volonté, des décisions, il se renverse ; cela montre à quel point il est profondément affecté. On trouve chez Jérémie, dans un contexte semblable, l'union des entrailles et du cœur : *Oh ! Mes entrailles ! Mes entrailles ! Au fond de moi, je me tords de douleur. Mon cœur gémit en moi, je ne peux pas me taire* (Jr 4,19). Cet ébranlement de tout l'être est provoqué, non par le danger, mais par la conscience du péché commis : la rébellion contre Dieu. La répétition du mot montre à quel point elle est intense.

Suivent les conséquences de cette rébellion : la mort, tant au dehors que dans les maisons. Jérémie décrit une situation assez proche, dans une lamentation qu'il demande aux femmes d'apprendre à leurs filles : *Elle monte par nos fenêtres, la Mort, elle pénètre dans nos citadelles, elle fauche l'enfant dans la rue et les jeunes gens sur les places* (Jr 9,20).

Shin. Après avoir demandé instamment au Seigneur de voir sa détresse, Jérusalem lui demande d'entendre son gémissement. Que lui, au moins, l'entende ! alors que personne ne la console. Ce thème revient pour la quatrième fois dans le premier poème (cf. 1,16.17). En guise de consolation, elle voit ses ennemis se réjouir ! En effet, ils ont entendu parler de son malheur, mais ils se sont réjouis de voir que le Dieu d'Israël lui-même, avait ainsi traité son peuple !

Un cri de vengeance monte alors du cœur de Jérusalem, succédant à sa prière de supplication. Puisque le Seigneur a fait venir sur elle le jour de la destruction, qu'il en fasse autant avec ses ennemis…

Tav. L'appel à la vengeance se précise. De même que le péché de Jérusalem a été mis à nu devant Dieu, qu'il en soit ainsi de la cruauté de ceux qui l'ont traitée avec tant de violence (cf. Jr 6,9 ; 51,35). Que le Seigneur grapille ses ennemis, comme il a grapillé son peuple. L'image évoque le ramassage des fruits qui n'ont pas été cueillis, à cause de leur mauvaise qualité ; ainsi, plus rien ne serait laissé. Alors, puisque le Seigneur a fait cela avec Jérusalem, en lui envoyant un châtiment terrible, jusqu'à exterminer le peuple sans rien en laisser (cf. Jr 6,9), qu'il traite de même ses ennemis !

Jérusalem revient sur son état souffrant, déjà évoqué au verset 13. Gémissements et souffrance, voilà son lot. La lamentation se termine sur cette note sombre. Mais ce n'est que le commencement des douleurs ; la deuxième lamentation se chargera de le montrer, car un deuxième siège a eu lieu, plus terrible que le premier.

Deuxième lamentation
La destruction du Temple, œuvre du Seigneur !

Avec la deuxième lamentation, nous sommes transportés après la destruction du Temple de 587. Dans une première partie (2,1-10), le chœur des pleureuses se lamente sur Jérusalem, appelée fille de Sion, fille de Juda. Elles rappellent tout ce que le Seigneur a fait pour elle, sous forme de récit à la troisième personne. La narration est comme martelée par les verbes placés en tête de chaque verset : engloutir, briser, bander son arc, renverser, repousser, penser à détruire, enfoncer, s'asseoir à terre. Le message est clair : c'est un terrible châtiment de Dieu qui s'est abattu sur Jérusalem.

Dans une deuxième partie (2,11-12), une pleureuse élève la voix et fait écho à la lamentation du chœur des pleureuses. Elle laisse éclater la douleur qui la secoue, en voyant la dévastation de son peuple.

En troisième lieu (2,13-19), toutes les pleureuses reprennent la parole mais, cette fois, elles interpellent Jérusalem (2,13-19) pour la consoler. Curieuse consolation : elles lui rappellent les fautes des prophètes, la stupéfaction de ceux qui l'ont vue dans son malheur, les moqueries de ses ennemis à qui le Seigneur a voulu donner la victoire. Elles terminent en rappelant la prière que les hiérosolymites ont fait monter vers Dieu et invitent Jérusalem à prier.

C'est ainsi que la deuxième lamentation se termine par une brève prière de Jérusalem (2,20-22). Elle en appelle au Seigneur en épanchant son cœur devant lui ; elle lui expose les motifs de sa souffrance : tous ses enfants sont morts. La finale est plus que sombre ; aucune espérance ne pointe.

Typographie : Le texte mis dans la bouche du chœur des pleureuses est imprimé en caractères droits ; celui attribué à une pleureuse est en caractères droits, gras ; et celui qui revient à Jérusalem est en italique.

Contexte historique

Jérusalem est assiégée une seconde fois, en 587, parce que le roi de Juda s'est révolté contre Nabuchodonosor. Le livre des Rois en a gardé la mémoire :

Dans la neuvième année de son règne, au dixième mois, le dix du mois, Nabuchodonosor, roi de Babylone vint, lui et toutes son armée, contre Jérusalem ; et il dressa son camp contre elle, et ils bâtirent contre elle un retranchement tout autour. Et la ville fut assiégée jusqu'à la onzième année du roi Sédécias. Au quatrième mois, le neuf du mois, la famine était forte dans la ville et il n'y avait pas de pain pour le peuple du pays. Et la ville fut percée et tous les hommes de combat partirent la nuit par la porte entre les deux murailles, qui est près du jardin du roi, alors que les chaldéens étaient autour de la ville. Et [le roi] alla par le chemin de la Araba. Et l'armée des chaldéens poursuivit le roi et l'atteignit dans les steppes de Jéricho et toute son armée se dispersa loin de lui. Et ils se saisirent du roi et ils le firent monter à Ribla, vers le roi de Babylone, et ils prononcèrent contre lui un jugement. Ils égorgèrent les fils de Sédécias devant ses yeux et ils rendirent Sédécias aveugle et il l'enchaîna avec des chaînes de bronze, et il l'emmena à Babylone (2 R 24,20 - 25,7).

Cette fois, huit cent trente-deux Judéens sont déportés. Le royaume de Juda perd définitivement son indépendance et devient une simple province babylonienne.

Puis, le chef de la garde personnelle du roi de Babylone arrive à Jérusalem. Il brûle le Temple ainsi que les maisons des personnes haut-placées ; il s'empare de toutes les richesses du Temple et fait détruire les murailles de la ville. Sont déportés sept cent quarante-cinq autres habitants. Seule, une partie des petites gens est épargnée et laissée en place pour cultiver les vergers et les champs :

Le septième jour du cinquième mois, qui correspond à la dix-neuvième année du règne de Nabuchodonosor, roi de Babylone, Nebouzaradan, chef des gardes, serviteur du roi de Babylone, entra dans Jérusalem. Il mit le feu au Temple du Seigneur et au palais du roi ; de même, il livra aux flammes toutes les maisons de Jérusalem, à savoir toute maison d'un personnage important. Et les remparts qui entouraient Jérusalem, toute l'armée chaldéenne, placée sous les ordres du chef des gardes, les démolit. Nebouzaradan, chef des gardes, envoya en exil le reste de la population qui était demeurée dans la ville, les transfuges qui s'étaient jetés entre les bras du roi de Babylone et le surplus de la multitude. Le chef des gardes ne laissa dans le pays que des gens de la basse classe comme vignerons et laboureurs. Les colonnes d'airain qui se trouvaient dans la maison de Dieu, les supports et la Mer d'airain du Temple, les Chaldéens les brisèrent et en emportèrent l'airain à Babylone. Ils prirent aussi les cendriers, les pelles, les couteaux, les cuillers, et tous les ustensiles d'airain qui servaient au culte. Le chef des gardes s'empara encore des brasiers et des bassins, tant en or qu'en argent. Quant aux deux colonnes, à la Mer unique et aux supports que Salomon avait faits pour le Temple du Seigneur, le poids de l'airain de tous ces objets ne peut être évalué. La hauteur d'une des colonnes était de dix-huit coudées ; elle était surmontée d'un chapiteau d'airain haut de trois coudées et entouré d'un treillage et de grenades, le tout en airain. Telle la deuxième colonne, treillage compris. Le chef des gardes s'assura de la personne de Seraïa, le grand-prêtre, de Cephania, le grand prêtre suppléant, et des trois gardiens du seuil. Des habitants de la ville, il arrêta un officier, préposé aux gens de guerre, cinq des conseillers intimes du roi qui furent surpris dans la ville, le secrétaire, chef du recrutement, chargé d'enrôler la population du pays, ainsi que soixante hommes de cette population qui se trouvaient dans la ville. Nebouzaradan, chef des gardes, emmena tous ces prisonniers et les conduisit au roi de Babylone à Ribla. Le roi de Babylone les fit frapper et mettre à mort à Ribla, dans le district de Hamat. Ainsi s'accomplit l'exil de Juda loin de son sol (2 R 25,8-21 ; cf. Jr 39,8-10 ; 40,7 ; 52,12-34).

Le chœur des pleureuses se lamente (2,1-10)

[1] Quoi ? Le Seigneur a-t-il enténébré la fille de Sion ? Il a jeté à terre, depuis les cieux, la splendeur d'Israël.

* Il ne s'est pas souvenu du marchepied de ses pieds, au jour de sa colère.

[2] Il a englouti, le Seigneur, et n'a pas épargné toutes les demeures de Jacob ; il a démoli, dans sa fureur, les forteresses de la fille de Juda ; il [leur] a fait toucher terre ;

* il a flétri la royauté et ses princes.

[3] Il a brisé, dans l'ardeur de sa colère, toute la corne d'Israël ; il a fait revenir en arrière sa droite, loin de l'ennemi,

* et il a allumé en Jacob comme un feu ; une flamme a dévoré autour.

[4] Il a bandé son arc comme un ennemi, sa droite s'affermit comme un oppresseur, et il a tué les choses précieuses de l'œil.

* Dans la tente de la fille de Sion, il a répandu comme un feu sa fureur.

[5]Il a été comme un ennemi, le Seigneur ; il a englouti Israël, il a englouti tous ses palais, il a détruit ses forteresses

* et il a multiplié, chez la fille de Juda, tristesse et gémissement.

[6] Et il a renversé sa tente, comme on arrache une cabane dans un jardin ; il a détruit son lieu d'assemblée.

* YHVH a fait oublier en Sion assemblée et sabbat et il a rejeté, dans la rage de sa colère, roi et prêtre.

[7] Il a repoussé son autel, le Seigneur, il a dédaigné son lieu saint, il a livré dans les mains d'un ennemi les murailles de ses forteresses.

* Ils ont donné de la voix dans la Maison de YHVH comme au jour de l'assemblée.

[8]YHVH a pensé détruire la muraille de la fille de Sion, il a étendu un cordeau, il n'a pas fait revenir sa droite pour ne pas engloutir.

* Il a mis en deuil mur et muraille, ensemble il se sont effondrés.

[9] Ses portes se sont enfoncées dans la terre, il a détruit et brisé ses verrous ;

* son roi et ses princes [sont] parmi les nations, aucun enseignement (*torah*) aussi ; ses prophètes n'ont pas trouvé de vision venant de YHVH.

[10] Ils s'assoient à terre, se taisent, les anciens de la fille de Sion ; ils ont fait monter de la poussière sur leur tête, ils ont ceint des sacs ;

* elles inclinent leur tête à terre, les jeunes filles de Jérusalem.

Aleph. Les pleureuses prennent la parole. « Quoi ? » leur vient sur les lèvres, et débute la deuxième lamentation, comme la première. Comment le Seigneur a-t-il pu plonger Jérusalem dans les ténèbres ? C'est incompréhensible. Qu'a-t-il fait là ? Des cieux où il habite, il a renversé à terre la splendeur d'Israël, sa lumière, c'est-à-dire le Temple de Jérusalem. Dans sa colère, il ne s'est pas souvenu du marchepied de ses pieds, son Temple, lieu où se manifeste la présence du Tout Autre dans le monde (cf. Is 66,1 ; Ez 43,7 ; Ps 98,5). Il ne s'est pas souvenu, c'est-à-dire : il a retiré ses bienfaits, sa protection.

Beth. Le Temple a été jeté par terre, mais aussi toutes les maisons du pays ; le Seigneur les a englouties, ce qui n'est pas sans rappeler les fils de Coré qui ont été engloutis par la bouche de la terre (Nb 16,32). Ce n'est pas tout : les forteresses de Juda ont été démolies, comme le prédisait le livre du Deutéronome (Dt 28,32). Elles ne sont plus que tas de décombres sur le sol. Les constructions ont donc été renversées ; le roi et les princes aussi. La catastrophe est totale.

Guimel. La colère de Dieu est la cause de ce désastre : les pleureuses le répètent pour la troisième fois (2,1.2.3). L'ardeur de sa colère est telle que non seulement il a brisé les princes, mais encore toute la corne d'Israël ; la corne est, en effet, le symbole de la puissance et de la vigueur (Ps 74,5 ; 75,11). Le Seigneur a retiré sa main droite, c'est-à-dire son secours, son salut. Et cela, alors que les ennemis étaient là. La droite du Seigneur se retirant loin des ennemis, elle leur a laissé le champ libre pour agir. Comment comprendre que le Seigneur sout cause des malheurs qui arrivent à son peuple ? En fait, les hommes portent les conséquences de leurs actes et le Seigneur ne veut pas leur enlever leur liberté ; il assume donc la situation créée par le péché des hommes, pour la retourner et en faire un chemin de salut.

L'effet de la colère du Seigneur est comparé à un feu destructeur dont la flamme a tout dévoré, car rien ne peut échapper au feu.

Daleth. Le Seigneur est encore semblable à un ennemi de son peuple (cf. Jr 30,14), plus précisément à un archer qui bande son arc pour envoyer ses flèches. Sa main droite est aussi ferme que celle d'un oppresseur, et ses flèches atteignent *les choses précieuses de l'œil*, probablement les enfants.

Et les pleureuses reviennent sur le Temple, désigné ici comme *la tente de la fille de Sion* (cf. Ps 27,5). Le Seigneur a déversé sur lui sa fureur : il l'a détruit par un feu qu'il a envoyé. En effet, le Temple a été incendié le 10 Av 587.

Hé. Le Seigneur a agi en ennemi, ce qui paraît inconcevable : comment peut-il être ennemi de son peuple ? Pourtant ses actions en témoignent : il a englouti Israël et ses palais (cf. 2,2) et détruit ses forteresses. En agissant ainsi, avec tant de détermination, il a provoqué dans son peuple *tristesse et gémissement* à cause du deuil qui l'écrase.

Vav. Les pleureuses portent encore leur regard sur la tente du Seigneur, assimilable à une cabane dans un jardin : elle n'est autre que le Temple du Seigneur construit dans le jardin de la Terre d'Israël. Au milieu d'un si grand désastre, les pleureuses font un va-et-vient d'une désolation à une autre, et reviennent sur ce dont elles ont déjà parlé, pour faire ressortir l'ampleur de la catastrophe. Elles regardent la perte subie sous toutes ses facettes et n'oublient rien de ce qui fait la souffrance d'Israël. La tente donc, le Temple, a été dévasté, le lieu où se tenaient les assemblées. Or le Seigneur, en le détruisant, a anéanti le culte : assemblée et sabbat ont été oubliés par les survivants. De plus, le Seigneur a rejeté « roi et prêtre », c'est-à-dire les pouvoirs temporel et spirituel qui tous deux ont été atteints de plein fouet par l'effondrement complet de Juda.

Zahin. Les pleureuses reviennent sur le culte qui a été dédaigné par le Seigneur. Tant l'autel que le lieu saint, sont devenus pour lui insignifiants. Les murailles qui protégeaient les forteresses construites en haut de collines, sont tombées aussi (cf. Dt 28,52). Et les Chaldéens percèrent les murs de Jérusalem le 9 Tammouz (juin – juillet) 587.

« Ils », les ennemis, des païens, ont poussé un cri dans la Maison du Seigneur, dans le Temple, un cri de guerre en guise d'assemblée !

Heth. Après s'être lamentées sur le Temple détruit, les pleureuses se lamentent sur la muraille de la ville, qui est tombée. Le Seigneur, en effet, en avait forgé le dessein. Il a donc étendu un cordeau. Cet instrument de mesure qui sert à prendre des dimensions, a ici une signification symbolique : il sert à mesurer le jugement de Dieu (cf. Is 34,11 ; 2 R 21,13). Après avoir mesuré, le Seigneur aurait pu retirer sa main droite qui sert à passer à l'acte ; mais il ne l'a pas fait, il n'a pas voulu empêcher ce qu'il avait décidé : engloutir la muraille. Et une brèche a été faite par les Babyloniens.

Mur et muraille sont donc en deuil sur Jérusalem ; quelques versets plus loin, ils seront invités à laisser couler un torrent de larmes, expression du deuil qui les afflige (2,18). Les deux, en effet, se sont effondrés ensemble, ils sont devenus des ruines et Jérusalem a été anéantie, puisqu'elle n'est plus protégée : elle peut être comparée maintenant à un mort, sur qui les pleureuses, et même les ruines, se lamentent.

Teth. La muraille s'étant écroulée, les portes tombent à leur tour, de tout leur poids, sur le sol et s'enfoncent dans la terre : elles ne sont pas brisées par l'ennemi. Le Seigneur lui-même en avait détruit les verrous.

Mais une muraille sans porte, donne aux ennemis, libre accès dans la ville. Les Chaldéens ont alors envoyé la population en exil, ceux qui appartenaient à la classe dirigeante : le roi et les princes (2 R 25,7). Plus de roi, ni de princes ; et encore, ni enseignement, ni vision pour les prophètes : Dieu s'est tu. On en trouve un écho dans le livre d'Ezéchiel : *Désastre sur désastre viendra, rumeur sur rumeur ; et ils rechercheront une vision venant d'un prophète, et un enseignement (*torah*) venant d'un prêtre, et un conseil venant des anciens* (Ez 7,26 ; cf. Ps 74,9).

Yod.

Les anciens, les sages de la ville, tenaient habituellement leurs réunions sur la place, à l'une des portes de la cité (5,14). Or maintenant, ils sont assis, mais ils se taisent. Ils portent le vêtement de deuil : un « sac », pagne de toile grossière, autour de leurs reins (cf. Gn 37,34) ; ils répandent aussi de la poussière sur leur tête. Les deux gestes associés sont un signe de pénitence ou de deuil. Quant aux jeunes filles, elle se prosternent, la tête contre terre, geste de supplication, d'imploration.

Une pleureuse se lamente… (2,11-12)

Avec les versets 11 et 12, nous sommes au cœur du poème.

11 **Mes yeux sont épuisés de larmes, mes entrailles bouillonnent, mon foie se répand à terre, à cause de la dévastation de la fille de mon peuple,**

*** quand défaillent petit enfant et nourrisson sur les places de la cité.**

[12] **A leurs mères, ils disent : où [sont] le blé et le vin ?**

*** quand ils défaillent comme frappés sur les places de la ville, quand se répand leur vie sur le sein de leurs mères.**

Kaph. Une pleureuse se détache du chœur et prend la parole. Elle exprime la souffrance ressentie par toutes. Tout son corps en est bouleversé. Ses yeux sont épuisés, à force de pleurer ; ses entrailles, siège de la douleur, bouillonnent ; son foie, siège de la vie, se répand à terre. La cause de cet anéantissement de tout l'être ? La dévastation de *la fille de mon peuple*, Jérusalem ; et plus précisément la vue des plus fragiles, des plus innocents : enfants et nourrissons, qui s'évanouissent sur les places de la ville.

Lamèd. Ils demandent à leur mère du blé et du vin, de la nourriture qui maintient en vie, car c'est la famine. Qu'un enfant le demande, on peut le comprendre, mais un nourrisson ?

Ce sont leurs dernières paroles, alors qu'ils sont en train de mourir sur les places de la ville, ou sur le sein de leur mère. C'est la douleur extrême, celle d'une femme impuissante devant son enfant qui meurt de faim.

… et interpelle Jérusalem (2,13-19)

[13] **Qu'est-ce que j'appellerai en témoignage ? Qu'est-ce que je dirai semblable à toi, la fille de Jérusalem ? Qu'est-ce que j'égalerai à toi, [pour] te consoler, vierge de la fille de Sion ?**

*** car grande comme la mer ta destruction. Qui te guérira ?**

14 Tes prophètes ont eu des visions pour toi, mensonge et chose insipide ; ils n'ont pas révélé ta faute pour rétablir ton repentir.

*** Ils ont eu pour toi des visions de sentences : mensonge et séductions.**

15 Ils ont frappé des mains à ton sujet, tous les passants du chemin ; ils ont sifflé et ils ont secoué leur tête au sujet de la fille de Jérusalem,

*** elle, la ville dont ils disaient : Perfection de beauté, réjouissance pour toute la terre.**

16 Ils ont ouvert largement la bouche contre toi, tous tes ennemis, ils ont sifflé et ils ont grincé des dents ; ils ont dit : Nous [l']avons engloutie ;

*** assurément, ce jour que nous attendions, nous l'avons obtenu, nous l'avons vu.**

17 Il a fait, YHVH, ce qu'il avait résolu, il a réalisé son dire, ce qu'il avait décrété depuis les jours d'autrefois ; il a démoli et n'a pas épargné,

*** et il a réjoui contre toi l'ennemi, il a dressé la corne de tes adversaires.**

18 Il a crié, leur cœur, vers le Seigneur.

*** Muraille de la fille de Sion, fais tomber comme un torrent tes larmes pendant le jour et la nuit, qu'il n'y ait pas de répit pour toi, que ne se taise pas la fille de ton œil.**

[19] Lève-toi, gémis pendant la nuit, à la tête des veilles, répands comme de l'eau ton cœur en présence de la face du Seigneur,

*** Lève vers lui tes mains pour la vie de tes petits enfants, ceux qui ont défailli par la faim à la tête des rues.**

Mèm. La pleureuse s'adresse maintenant à Jérusalem et lui pose des questions rhétoriques : A qui est-ce que je peux comparer ton état ? A quoi te dire semblable ? A qui t'assimiler ? S'il était possible de trouver quelque chose de semblable à la situation de Jérusalem, ce serait une consolation, parce qu'il y aurait un point de repère dans l'histoire pour l'évaluer. Mais ce n'est pas le cas. Il n'existe pas de mots pour exprimer la douleur de Jérusalem et pour la consoler, car la dévastation de la ville est plus grande que la mer : c'est dire l'ampleur du désastre. Cet événement ne peut se comparer à rien de ce qui existe, il dépasse tout ce que l'on connaît. Aussi, qui peut la guérir ? Il n'est au pouvoir d'aucun homme, de soigner le coup que Dieu a porté contre elle.

La pleureuse passe alors en revue l'attitude de ceux qui, de près ou de loin, ont contribué à ce drame : les prophètes, les passants, les ennemis, et le Seigneur en personne.

Noun. Les prophètes qui ont eu des visions à propos de Jérusalem, portent une responsabilité ; ils ont proclamé des mensonges pour la tromper ; en effet, ils demandaient au peuple de ne pas se soumette au roi de Babylone pour éviter la ruine de la ville. Ils n'ont pas annoncé le malheur qui allait arriver ; ils n'ont pas, par là même, révélé la vraie cause de ce qui est arrivé : la faute commise par Jérusalem (cf. Jr 23,25.32 ; 27,15), alors que cela aurait pu l'inciter au repentir. Le Seigneur pourtant l'a répété bien des fois, à propos des prophètes : *Je ne les ai pas envoyés, oracle de YHVH, et eux parlaient en prophètes en mon nom pour le mensonge, en sorte que je vous bannirai et vous périrez, vous et les prophètes, eux qui parlent en prophètes* (Jr 27,10 ; cf. 5,31 ; 14,14 ; 29,9).

Samèkh. Les passants, eux, se sont moqués de Jérusalem. Ils ont frappé de leurs mains en signe d'étonnement. Ils ont sifflé en la voyant et ont hoché la tête. Ceci encore, Jérémie l'avait annoncé : *Je transformerai la ville en désolation et en sifflement, et celui qui passera près d'elle se désolera et sifflera devant toutes ses marques de coups* (Jr 19,8). Les sifflements marquent la stupéfaction (cf. 1 R 9,8) ; ils ne sont pas des signes de moquerie ou de raillerie, mais des marques d'effroi (cf. Ez 27,35-36), comme le confirme le hochement de tête qui les accompagne. Grand est le contraste entre ce que les passants ont sous les yeux et ce qu'ils ont pu voir auparavant ! Jérusalem n'était-elle pas surnommée : *Perfection de beauté* (cf. Ez 28,12 ; 27,3), *réjouissance de toute la terre* ? Sa beauté était reconnue de tous ; tous faisaient son éloge.

Pé. Ce verset rompt l'ordre des lettres de l'alphabet : Pé est avant Ayin.

Après les prophètes et les passants, les ennemis. Ils ont ouvert la bouche pour engloutir Jérusalem et ils se vantent d'avoir réussi. Tout naturellement, l'image de l'absorption fait suite à celle de la bouche grande ouverte (cf. Nb 16,30-36 ; Dt 11,6). Ce jour-là, ils l'attendaient, car ils avaient tout fait pour perdre Juda. Ils étaient sûrs qu'ils y arriveraient et, effectivement, ils l'ont obtenu : ils l'ont vu.

Ayin. Si l'ennemi a fait tout ce qui était en son pouvoir pour engloutir Jérusalem, cependant c'est YHVH qui en avait formé le dessein et qui l'a réalisé. Il avait en effet prédit à Moïse que, si le peuple n'était pas fidèle à l'alliance, des malédictions l'attendaient : siège des villes, chute des murailles (cf. Dt 28,15).

C'est donc le Seigneur qui a procuré la joie des ennemis de Jérusalem, en réalisant ce qu'il avait décidé ; c'est lui qui a exalté leur corne, symbole de la puissance et de la vigueur.

Tsadè. Le chœur des pleureuses reprend brièvement la parole. Elles proclament que, face au châtiment voulu par Dieu, les habitants de Jérusalem ont crié vers lui du fond de leur cœur, pour être sauvés de leur situation difficile. Ce cri est aussi une reconnaissance implicite de leur péché. Comment ne pas penser au refrain du livre des Juges ? (Jg 3,15 ; 4,3 ; 6,6). Israël en effet était infidèle, les ennemis fondaient sur eux, et ils criaient vers le Seigneur pour qu'il les sauve.

Puis une pleureuse s'adresse à la muraille de Jérusalem, cette fois. Jérusalem est personnifiée, dans la lamentation, par le biais de la métaphore de la fille de Juda, de la fille de Sion, de la fille de Jérusalem. La pleureuse file donc la métaphore et interpelle la muraille de la fille de Sion.

La muraille a une dimension protectrice contre l'ennemi. Or, comme elle s'est effondrée, elle ne peut plus jouer son rôle pour les habitants de la ville ; aussi est-elle conviée à pleurer sur ce qu'elle a perdu. Et cela, jour et nuit à cause, ici encore, de l'ampleur de la catastrophe. La fille de son œil, c'est-à-dire sa pupille, est invitée à ne pas se taire : elle aussi est personnalisée ; car comment la pupille de l'œil pourrait-elle crier ?

Kof. Il semble que la pleureuse s'adresse maintenant à la fille de Sion elle-même. Elle l'invite à se lever et à gémir (cf. 1,21.22) pendant la première des veilles de la nuit. Au verset précédent, le cœur de ses habitants criait vers le Seigneur ; maintenant Jérusalem est exhortée à répandre son cœur comme de l'eau, ce qui équivaut à apporter tout ce qu'il contient, toute sa douleur, devant le Seigneur.

Elle est encore priée de lever les mains vers lui, geste de la prière, de la supplication. Pour qui ? Pour les petits enfants enveloppés de langes, qui s'écroulent, évanouis, à tous les carrefours des rues, terrassés par la famine. Dieu peut-il leur refuser sa pitié ?

Prière de Jérusalem : supplication et imprécation (2,20-22)

[20] *Vois, YHVH, et regarde. Qui as-tu grapillé ainsi ?*

** Est-ce que des femmes dévoreront leur fruit, les petits enfants [enveloppés] de tendres soins ? Est-ce que sera tué dans le sanctuaire du Seigneur, prêtre et prophète ?*

[21] Ils sont couchés à terre dans les rues, jeune homme et ancien ; mes vierges et mes jeunes gens sont tombés par l'épée.

Tu as tué au jour de ta colère, tu as égorgé, tu n'as pas épargné.

[22] Tu as appelé, comme au jour de l'assemblée, mes terreurs alentour et il n'a pas été, au jour de la colère de YHVH, un rescapé et un survivant.

** Ceux dont j'avais pris soin et que j'avais fait grandir, mon ennemi les a achevés.*

Resh. Jérusalem, à la demande de la pleureuse, implore le Seigneur. Comme dans la première lamentation, elle commence sa prière par : *Vois et regarde* (cf. 1,11). Et elle pose une question : *Qui as-tu grapillé ainsi ?* (cf. 1,22). La question exprime la stupeur. Comment est-il possible que le Seigneur ait fait cela ? Il n'a laissé personne en vie ; même les bébés ont été conduits à la mort ! Il a vraiment grapillé, il n'a rien laissé : ceux qui étaient encore frêles et sans force n'ont pas été ménagés, alors qu'ils étaient l'avenir du peuple. Comment cela est-il possible ? Tu n'as épargné personne, Seigneur.

Les bébés, les prêtres, les prophètes auraient dû au moins faire partie des rescapés. Il n'en a rien été, ils ont été tués. Et comment des femmes peuvent-elle en arriver à dévorer le fruit de leurs entrailles ? Il est vrai — le Seigneur ne l'avait-il pas annoncé ? — que tout cela devait faire partie des châtiments qui s'abattraient sur le peuple, s'il était infidèle à l'alliance (cf. Dt 28,53). Et encore, comment aurait-on pu penser que prêtres et prophètes pourraient être tués dans le sanctuaire même du Seigneur ? Tout cela était impensable.

Shin. Les corps des jeunes et des vieux jonchent les rues. Le Seigneur, dans sa colère, a tué, sans se laisser attendrir par qui que ce soit.

Tav. Tu as fait venir à Jérusalem ses voisins, Seigneur, comme tu rassembles le peuple un jour de fête. Mais ils étaient ses ennemis, source de terreurs sans pareilles. Par eux, tous ont été tués, au jour de ta colère. Tous les enfants que Jérusalem avait fait grandir en en prenant grand soin, ses ennemis les ont anéantis. La ville est tombée et elle est déserte : tous ses habitants ont été tués. La mort des plus jeunes, des plus faibles, des innocents, revient comme un refrain dans la deuxième lamentation. Le traumatisme que tout cela a provoqué a été grand !

Troisième lamentation
Pourquoi la souffrance ?

La troisième lamentation est au cœur du livre ; c'est là que se trouvent les seules paroles d'espérance qu'il contient. Dans le texte, chaque lettre de l'alphabet, qui commence les versets, est triplée : les trois versets, à peu près égaux en longueur, et formant chacun une phrase, constituent une strophe. Rappelons qu'au lieu de vingt-deux versets, comme dans les deux lamentations précédentes, le texte comporte donc vingt-deux strophes et soixante-six versets.

Le contexte historique apparaît peu. La description de la violence occasionnée par la destruction de la ville, s'est estompé et nous sommes face à un texte hors-sol, en quelque sorte. De plus, la parenté avec le livre de Job est évidente, ce qui laisse penser que le texte date de la période de l'exil.

On peut distinguer quatre parties dans le poème, en fonction des locuteurs.

Dans les deux premières lamentations, Jérusalem disait : « Je » ; c'était elle qui priait le Seigneur. Dans la troisième, un glissement du « je » se fait vers un homme singulier — un mâle, d'après le mot hébreu employé —, qui est en proie à une grande souffrance. Un homme seul donc, parle au Seigneur. En effet, dans la première et dans la quatrième parties (3,1-22 et 3,43-54), les pronoms à la première et à la deuxième personne du singulier sont nombreux. Cet homme tient des propos proches de ceux de Jérusalem ; c'est donc probablement un Judéen qui parle. Mais, alors que les deux premières lamentations laissent transparaître violence et destruction, la troisième est loin du bruit et du spectacle apocalyptique causés par le désastre. L'homme rentre en lui-même, il est seul en face du Seigneur ; il déverse son cœur devant lui et repense au châtiment qu'il lui a infligé. La lamentation se fait complainte individuelle et laisse émerger une question : pourquoi la souffrance ? Question qui, mise dans la bouche d'un seul, n'en a que plus d'acuité. Cela fait l'objet de la première partie du texte (3,1-24).

Dans la deuxième partie (3,25-39), un sage intervient. Il parle à la troisième personne et propose un petit discours de sagesse. Alors que la solitude de Jérusalem était secouée par le drame dans lequel elle était plongée, le sage tient des propos intemporels. Il réfléchit au sens que prend la souffrance, en cinq strophes ; il contemple celui qui est à sa source : le Seigneur. Cela suffit ; pourquoi se poser des questions sans fin ?

Dans la troisième partie (3,40-66), s'expriment des réactions face aux paroles du sage. Le peuple répond par un désir de conversion. Il reconnaît qu'un retournement est nécessaire de sa part. L'homme, quant à lui, reprend la parole et expose à nouveau sa souffrance : non plus celle qui vient de la colère du Seigneur, mais celle qui vient de ses ennemis.

Pour la typographie, les paroles attribuées au juste sont en caractères droits, celles attribuées au sage en italique, et celles attribuées au peuple en gras.

Le juste rejeté par Dieu (3,1-24)

La première partie est la parole d'un homme écrasé par la colère du Seigneur. Il expose tout ce qu'il a souffert et souffre encore, et termine par une prière de confiance indéfectible en celui qui est cause de sa souffrance. On peut retrouver, dans ses propos, de nombreuses analogies avec le livre de Job.

1 Moi, l'homme qui a vu l'affliction, par le bâton de son emportement.

2 Moi, il m'emmène, il me fait aller dans l'obscurité non dans la lumière.

3 Seulement contre moi, il se retourne, il tourne sa main tout le jour.

4 Il a consumé ma chair et ma peau, il a brisé mes os.

5 Il a bâti autour de moi, il m'a encerclé.

6 Dans les ténèbres, il m'a fait habiter comme les morts, éternellement.

7 Il m'a entouré d'un mur et je ne sortirai pas ; il a fait peser ma chaîne.

8 Même quand je crie et supplie, il étouffe ma prière.

9 Il a muré mes chemins avec des pierres de taille ; il a fait dévier mes sentiers.

10 Il est pour moi un ours se tenant en embuscade, un lion dans des cachettes.

11 Mes chemins, il les a détournés et il m'a déchiré.

12 Il a bandé son arc et il m'a placé comme la cible pour la flèche.

13 Il a fait venir dans mes reins les fils de son carquois.

14 J'ai été un objet de risée pour tout mon peuple, leur chanson tout le jour.

15 Il m'a rassasié d'amertumes, il m'a abreuvé d'absinthe.

16 Et il a fait broyer mes dents avec du gravier et il m'a enfoui dans la poussière.

17 Et tu as écarté mon âme loin de la paix ; j'ai oublié le bonheur.

18 Et j'ai dit : elle est perdue, ma force, et mon espérance, loin de YHVH.

19 Souviens-toi de mon affliction et de ma misère : absinthe et poison.

20 Souviens-toi, souviens-toi, mon âme se prosterne en moi.

21 Je fais tourner ceci dans mon cœur, c'est pourquoi j'attends.

22 Car les fidélités de YHVH ne sont pas épuisées, car ses miséricordes ne sont pas achevées.

23 Elles sont nouvelles chaque matin, grande est sa stabilité.

24 Ma part, [c'est] YHVH, a dit mon âme, c'est pourquoi j'attends.

Aleph. Un locuteur qui ne se présente pas, donc tout judéen, prend la parole. C'est un homme : le mot désigne le mâle ; il n'est donc pas question des femmes. Ce qu'il a de spécifique ? Il est dans une profonde affliction due *au bâton de son comportement*, autrement dit à la fureur de quelqu'un qui n'est pas nommé non plus. Mais le contexte laisse comprendre qu'il s'agit du Seigneur, qui a brandi sa colère comme un bâton qui châtie. Il n'est pas nécessaire de le nommer, car de qui d'autre pourrait-il s'agir ?

Aleph. Cet homme se compare à un exilé que Dieu emmène vers un lieu de ténèbres ; il s'enfonce dans l'obscurité, loin de la lumière (cf. Jb 19,8) ; il ne voit plus la lumière du Seigneur, il est loin de sa présence. Il ressemble au psalmiste qui évoque *les habitants de l'obscurité, de l'obscurité profonde* (Ps 107,10). Cette obscurité traduit une souffrance qu'il perçoit comme une absence du Seigneur dans sa vie.

Aleph. En effet, l'homme éprouve les coups répétés du Seigneur ; Dieu s'en prend à lui tout le long du jour.

Beth. Pour exprimer la profondeur de son affliction, l'homme se compare aussi à un malade. Il ressemble à Job qui disait : *Ma peau noircit sur moi et mes os brûlent à cause de la chaleur* (Jb 30,30).

Beth. Exil, maladie, mais encore emprisonnement, comme le suggère l'image de la construction d'un mur. Dieu l'a bâti autour de lui, il le tient enfermé, encerclé par le poison et la peine… peut-être pour prévenir toute tentation de fuite ? L'hébreu *rôch*, poison, est le nom d'un produit végétal vénéneux ; au sens figuré, il faut l'entendre d'une souffrance intense.

Beth. Enfermé dans les ténèbres, l'homme se compare aux habitants du shéol, comme le suggère la reprise d'un psaume : *Il m'a fait habiter dans les ténèbres, comme des morts de toujours* (Ps 143,3). L'homme fait l'expérience de la mort, du shéol d'où Dieu est absent. Le vrai drame, c'est bien l'absence de Dieu.

Guimel. L'image de la prison continue dans la troisième strophe. L'homme revient sur le mur qui l'entoure, en reprenant une comparaison déjà contenue dans le livre de Job : *Il a muré mon sentier et je ne passerai pas* (Jb 19,8). Dieu a construit un mur autour de lui et il ne pourra sortir de sa prison. Comme tout prisonnier, il est enchaîné et le Seigneur rend ses chaînes plus lourdes.

Guimel. Il lui arrive de crier et de supplier, au fond de sa geôle ; mais le Seigneur non seulement ne l'écoute pas, mais il étouffe sa prière pour ne pas l'entendre. Reconnaître la main du Seigneur, c'est malgré tout le signe d'une présence dans l'absence.

Guimel. Pour la troisième fois, l'homme fait appel au symbolisme de la construction pour traduire son état. Cette fois, ce sont des grosses pierres de taille qui bouchent tous les chemins, ce qui oblige à prendre des déviations. Qu'est-ce que cela signifie ? Dieu dresse des obstacles et tend des pièges sur son chemin, à cause de son péché (cf. Os 2,8).

Daleth. Dieu est encore comme un animal sauvage qui chasse, à la recherche d'une proie. Il est comme un ours ou un lion, qui se cachent pour surveiller si une victime se présente. Le lion, animal destructeur, symbolise la punition divine.

Daleth. Comme ses chemins ont été détournés, l'homme sera obligé de passer près des bêtes qui l'épient et le déchireront ensuite, lorsqu'il sera proche d'elles.

Daleth. Le Seigneur est comme une bête sauvage, mais aussi comme un chasseur qui bande son arc et qui fait de l'homme qu'il châtie, une cible (Jb 7,20 ; 16,12), comme s'il était une bête traquée.

Hé. Le Seigneur tire ensuite avec son arc et plante ses flèches — les fils de son carquois —, dans les reins de l'homme châtié (cf. Jb 3,13 ; 6,4 ; 16,12-13).

Hé. Celui-ci devient alors un objet de moquerie pour tout son peuple ; il est sans cesse le sujet de leurs chants (cf. Jb 30,9).

Hé. Le châtiment infligé par le Seigneur est ainsi sa nourriture et sa boisson de chaque instant. Les amertumes qu'il mange rappellent les herbes amères de l'Exode (cf. Ex 12,18 ; Nb 9,11) et l'absinthe qu'il boit indique combien son épreuve est repoussante et amère (cf. Jb 23,15).

Vav. L'homme continue l'énumération de toutes ses souffrances. Le Seigneur a fait broyer ses dents avec des graviers qu'il a dans sa bouche. On peut y voir, d'après Origène, le trouble dans lequel son âme est plongée. Et ce n'est pas tout : le Seigneur l'a enfoui dans poussière, comme un mort que l'on recouvre de terre (cf. Jb 7,21). C'est une façon de dire qu'il est descendu au shéol.

Vav. On comprend qu'au milieu de ces innombrables tourments, l'âme ait perdu la paix et oublié le bonheur (cf. Jr 16,5).

Vav. La conclusion de tout cela est facile à tirer : le Seigneur s'est éloigné, lui, la source de la force et de l'espérance (cf. Jb 17,15). Toute raison de vivre a disparu. Pourtant…

Zahin. L'homme demande alors à Dieu de se souvenir, de faire revenir à son esprit, comme s'il l'avait un temps oublié… pendant le déchaînement de sa colère. Se souvenir de quoi ? *de mon affliction et de ma misère* qui sont *absinthe et fiel*, amertume et souffrance (cf. Jr 9,14).

Zahin. L'homme insiste : *Souviens-toi, souviens-toi* ; en effet, son âme se prosterne en lui. Il est en état de prière. Que Dieu s'en souvienne !

Zahin. Il tourne et retourne cette prière dans son cœur, confiant dans le Seigneur, et il attend. Il est patient dans la force, au milieu des épreuves ; elles ne sont pas le dernier mot du Seigneur. Job, lui aussi, fait allusion à la force nécessaire pour attendre (cf. Jb 6,11).

Heth. La huitième strophe développe le contenu de l'espérance et se termine, comme la précédente, par l'affirmation d'une attente indéfectible. Les bontés de Dieu, ses fidélités, qui découlent de sa fidélité à son alliance, sont encore abondantes : rien ne peut les épuiser. Ses miséricordes aussi, ses tendresses, ne sont pas achevées : elles ne peuvent avoir de limite, de fin, puisque le Seigneur est sans limite.

Heth. Chaque matin, les tendresses du Seigneur pointent à nouveau, comme l'herbe nouvelle qui pousse. Elles sont perpétuellement nouvelles, tout en ne vieillissant pas, puisqu'elles n'ont pas de fin. En effet, la stabilité du Seigneur est grande. Il continue ce qu'il a commencé, sans se lasser, sans revenir en arrière.

Heth. Aussi l'homme rempli de cette certitude, se compare aux lévites qui n'avaient reçu aucune portion de territoire, lors de la répartition de la Terre entre les autres tribus d'Israël : leur part, c'est le Seigneur. Pour l'homme dans l'épreuve, qui épanche son cœur devant le Seigneur, il en est de même (cf. Dt 10,9 ; Ps 118,57). La Terre ayant été dévastée et les habitants étant partis en exil, il est dans la même situation que les lévites. Comme eux, il vit uniquement du Seigneur, abandonné à son amour providentiel. Aussi il peut dire en toute confiance : *Ma part, c'est YHVH*. Là est la raison profonde, pour laquelle il attend.

La souffrance, mystère connu de Dieu seul (3,25-39)

Un sage prend alors la parole et, un peu comme les amis de Job, il expose comment il perçoit la souffrance. Elle est bonne pour l'homme et Dieu seul en connaît la raison. Tout vient de lui ; seuls les péchés viennent de l'homme.

25 *Il est bon, YHVH, pour ceux qui espèrent en lui, pour l'âme qui le recherche.*

26 *Il est bon d'attendre en silence le salut de YHVH.*

27 *Il est bon pour l'homme de porter un joug dès sa jeunesse.*

28 *Qu'il soit assis seul et qu'il se taise parce qu'il le lui a imposé.*

29 *Qu'il mette sa bouche dans la poussière ; peut-être y aura-t-il une espérance ?*

30 *Qu'il donne la joue à celui qui le frappe, qu'il soit rassasié d'insultes.*

31 *Car le Seigneur ne rejette pas pour toujours.*

32 *Car s'il afflige, il a de la tendresse, selon l'abondance de son amour.*

33 *Car ce n'est pas selon son cœur qu'il oppresse et afflige des fils d'homme.*

34 Pour écraser sous ses pieds tous les prisonniers de la terre,

35 pour faire dévier le droit d'un homme devant la face du Très Haut,

36 pour condamner un humain dans un procès, le Seigneur n'a-t-il pas vu ?

37 Qui est celui qui a parlé et cela a été ? N'est-ce pas le Seigneur qui l'a ordonné ?

38 Ne sortent-ils pas de la bouche du Seigneur, les maux et le bonheur ?

39 Comment un humain vivant, un homme, se plaint-il au sujet de ses péchés ?

Teth. Les trois versets de la strophe commencent par *Tov. Tov* caractérise ce qui est bon, doux agréable. Est doux, ce qui est ramolli après avoir été plongé dans l'eau. C'est le contraire de la dureté.

Alors que le Seigneur s'est montré très dur dans sa façon de traiter l'homme, un sage proclame qu'il est bon, doux pour ceux dont le regard voit plus loin que l'apparence, pour ceux qui espèrent et le cherchent. Espérer suppose la durée, la constance dans l'attente plus ou moins longue de l'objet désiré. Quant à chercher, c'est tourner et retourner autour du lieu où l'on pense qu'est l'objet désiré. Aussi, percevoir la bonté de Dieu dans l'épreuve suppose la patience, une foi confiante.

Teth. Il est alors doux d'attendre en silence. Le salut du Seigneur viendra certainement, mais il ne faut pas regimber contre le Seigneur, vouloir comprendre ses décisions que nous ignorons. On peut se demander de quel salut parle le sage ? Il semblerait que ce soit d'être dégagé des maux qui font souffrir.

Teth. Il est bon enfin pour l'homme — mâle — de porter un joug, de ployer son cou sous le joug, d'avoir une nuque souple et non raide, pour se laisser guider par le Seigneur vers le salut, et cela dès sa jeunesse. Quelle est la nature de ce joug ? Les souffrances ; elles sont chemin de salut.

Yod. La lettre yod commence une strophe qui expose comment porter ce joug de souffrances imposé par le Seigneur. Le premier conseil : rester assis à l'écart de tout le monde (cf. Jr 15,17).

Yod. Deuxième conseil : s'humilier en mettant sa bouche dans la poussière ; donc s'incliner, le visage touchant le sol, tout comme Job jetant son front dans la poussière (Jb 16,15). Si l'homme s'humilie, en effet, peut-être que le Seigneur le relèvera et lui rendra la paix ? peut-être y a-t-il encore une espérance ? Dieu n'a pas dit le dernier mot.

Yod. Surtout, il faut imiter le serviteur souffrant qui n'a pas essayé d'esquiver la souffrance, et a tendu son dos à ceux qui le frappaient (cf. Is 50,6). Il est donc conseillé de tendre la joue à celui qui frappe. Et plus : trouver normal d'être rassasié d'insultes, au point que le désir est satisfait, comme l'indique le verbe « rassasier », employé ici (cf. Jb 10,15). Le passif montre que c'est Dieu qui fait cela. Il y a donc la part de l'homme : accueillir la souffrance qui lui vient du prochain, sans se rebiffer, sans chercher à se venger, dans la paix et la sérénité ; il y a aussi la part du Seigneur : il se charge de donner à chacun toute la mesure de souffrance qui est bonne pour le salut.

Kaph. Les trois versets de la troisième strophe de notre deuxième partie, commencent par « car ». Après avoir dit, en effet, qu'il faut accepter la souffrance, toute la souffrance qui se présente, trois raisons sont apportées pour donner sens à cette attitude.

Cette souffrance est regardée tout d'abord comme un abandon de la part du Seigneur ; mais le Seigneur ne rejette pas pour toujours. Cela met une espérance au cœur de la souffrance. Elle aura un terme.

Kaph. La souffrance provient d'embûches que le Seigneur place sur la route. Cependant, ces obstacles à surmonter sont signes d'une attente de l'arrivée, où des marques de tendresse du Seigneur seront données, lui dont l'amour est immense. Le fardeau, le poids de la souffrance présente au fond du cœur, vient certes du Seigneur ; c'est lui qui est cause de cette douleur. Mais il ne faut pas oublier qu'il est plein de compassion. Ses entrailles débordent de tendresse.

Kaph. Il est vrai encore que le Seigneur oppresse : celui qui en fait l'expérience, est courbé sous le poids de la douleur qui l'accable ; il afflige aussi. Mais une troisième raison est donnée. La source de cette oppression et de cette affliction que le Seigneur fait porter à l'homme, n'est pas en lui-même, ce n'est pas ce qui plaît à son cœur. La souffrance est donc voulue par Dieu, mais ce n'est pas son dernier mot pour l'homme. Cependant, le sage ne dit pas pourquoi cette souffrance est voulue par Dieu. Il faudra que Jésus meure sur la croix pour qu'un dévoilement se fasse.

Lamèd. La nouvelle strophe envisage trois cas de souffrances qui peuvent toucher les hommes, en trois propositions qui dépendent d'une question rhétorique : Le Seigneur n'a-t-il pas vu ?

Le premier cas est l'humiliation des prisonniers de la terre ; partout les prisonniers sont humiliés, constate le sage.

Lamèd. La deuxième proposition rappelle le jugement rendu par un juge corrompu, devant le Seigneur. Il fait dévier le droit d'un homme — un mâle. Deuxième source de souffrance profonde.

Lamèd. Troisième cas : le tort fait à quelqu'un dans un procès.

Ces trois cas sont rattachés à une même question : le Seigneur ne l'a-t-il pas vu ? ne l'a-t-il pas su ? Ce qui revient à dire : c'est de la volonté de Dieu que dépendent les souffrances réservées aux hommes, quelles qu'elles soient, même provoquées par une injustice.

Mèm. Cette question en appelle une autre qui concerne la création des êtres. Qui peut, par sa simple parole, amener des êtres à l'existence ? les créer ? Cela ne peut se faire que par un ordre de Dieu (cf. Jb 42,20 ; Gn 1,3 ; Ps 33,9 ; 148,5). Un parallèle est ainsi fait entre les souffrances qui dépendent de la volonté de Dieu et la création qui dépend d'un ordre de Dieu.

Mèm. La conclusion est tirée sous forme d'une nouvelle question : les maux, les malheurs, et le bonheur ne sortent-ils pas de la bouche du Seigneur ? (cf. Is 45,7). Dieu est l'auteur des uns et de l'autre. Cet enseignement est en consonnance avec le livre de Job : *Nous recevons le bonheur comme venant de Dieu, comment ne recevrions-nous pas de même le mal ?* (Jb 2,10).

Mèm. Une dernière question arrive qui concerne non plus Dieu, mais l'homme. Il est responsable de ses péchés. Alors comment un humain vivant, créé par le Seigneur (cf. 3,37), un homme mâle — comme celui qui parle depuis le début de la troisième lamentation —, comment cet homme donc, peut-il reprocher au Seigneur d'en être responsable ?

On pourrait résumer ainsi toute la strophe : tout ce qui existe est créé par le Seigneur, les maux et le bonheur viennent de lui : ils sortent de sa bouche ; autrement dit, ils sont décidés par lui. Le péché, par contre, qui motive les maux que le Seigneur envoie, ne relève que de l'homme. D'où l'appel à la conversion, que ces paroles portent implicitement en elles.

Ces trois versets exposent la doctrine que Job proclame à la fin de son dernier discours : il faut s'incliner devant la toute-puissance de Dieu. La question que pose la souffrance du juste ne reçoit donc pas de réponse, car Dieu n'a de comptes à rendre à personne ; il peut, par contre, donner un sens insoupçonné à la souffrance. Le livre de Job se clôt là-dessus, mais il n'en est pas de même pour la troisième lamentation. Cette sentence de sagesse suscite deux réactions différentes. La première est la réponse classique, rencontrée dans la lamentation précédente : la souffrance est une invitation à se reconnaître pécheur, car la colère de Dieu se déchaine en réponse au péché, pour provoquer la conversion du pécheur. Mais cela ne suffit pas comme réponse au juste qui souffre, comme nous allons le voir.

Réactions face aux propos du sage (3,40-66)

Les paroles du sage sont entendues par les pécheurs comme un appel à la conversion. Pour le juste, elles sont une invitation à un abandon total au Seigneur qui le rejoint au cœur de la souffrance qui le submerge ; il n'y a pas les maux d'un côté et le bonheur de l'autre, mais Dieu au plus profond des maux. La souffrance apparaît donc avec deux effets. Pour les uns, les pécheurs, elle purifie du péché ; chez les autres, les justes, elle approfondit la foi-confiance ; elle devient une expérience mystique.

Le peuple prend la parole. Désir de conversion (3,40-48)

En trois strophes, le peuple prend la parole après le sage, et résume sa situation : une conversion est nécessaire après la désobéissance. C'est le « nous » de la communauté, qui est employé.

40 Que nous explorions nos voies, et que nous examinions et que nous revenions à YHVH.

41 Que nous élevions notre cœur sur nos mains vers Dieu, dans les cieux.

42 Nous nous sommes révoltés et nous nous sommes rebellés ; toi, tu n'as pas pardonné.

Noun. Le peuple lance un appel à la conversion, à la première personne du pluriel, avec un « nous ». Il est urgent de revenir sur la conduite passée, symbolisée par les voies ; il faut les scruter, les examiner et changer (שוב) de vie, pour vivre conformément aux commandements du Seigneur. L'exhortation rejoint celle du prophète Isaïe : *Que le pervers abandonne sa voie, et l'impie ses machinations, qu'il revienne au Seigneur, il aura pitié de lui ; à notre Dieu, car il prodigue son pardon !* (Is 55,7).

Noun. Suit une exhortation à élever le cœur pour la prière, vers le Seigneur qui est dans cieux ; cieux est une façon de nommer le monde divin. Cela nécessite de s'arracher aux préoccupations de la vie quotidienne de cette terre, en tournant le cœur vers en haut. Pourquoi l'élever

« sur nos mains » ? Le sens n'est pas très clair. Peut-être pour dire la sincérité de la conversion ? Le cœur est offert à Dieu, sans rien dissimuler.

Noun. Une conversion est nécessaire, car le peuple s'est révolté ; il a commis des fautes, en ne se souvenant pas de la Loi du Seigneur ; il a désobéi. Aussi, parce qu'il ne s'est pas converti, parce qu'il s'est endurci dans sa faute, le Seigneur ne lui a pas pardonné, il a châtié.

43 Tu t'es enveloppé dans la colère et tu nous as poursuivis, tu as tué et tu n'as pas épargné.

44 Tu t'es enveloppé dans une nuée pour toi, pour que la prière ne passe pas.

45 Ordure et rejet, tu nous as placés au milieu des peuples.

Samèkh. Le peuple continue à parler de son péché invétéré. Il a provoqué la colère du Seigneur qui s'en est enveloppé ; et c'est par les effets de cette colère, qu'il se manifeste à son peuple : il l'a poursuivi, il a tué sans épargner personne. Nous avons vu que même les enfants et les jeunes gens ont été tués.

Samèkh. Dieu s'est enveloppé aussi dans une nuée. La nuée manifeste le feu de l'amour divin, ici l'amour irrité par l'infidélité du peuple ; elle devient donc un voile opaque derrière lequel le Seigneur se cache ; un signe, non pas de la présence du Seigneur, mais de son éloignement : il s'est fait distant. Aussi la prière des hommes ne peut pas le rejoindre (cf. 3,8). C'est comme si le ciel, lieu où le Seigneur habite, s'était fermé pour eux.

Samèkh. Le Seigneur n'écoute plus la prière, et les manifestations de sa colère, décrites au verset 43, sont complétées maintenant : son peuple a été déporté et il est devenu objet de rebut au milieu des nations, comme l'annonçait le Deutéronome : *objet de sarcasmes parmi tous les peuples* (Dt 38,37).

[46] **Nos ennemis ont grand ouvert leur bouche contre nous.**

[47] **Frayeur et fosse, sont pour nous, la désolation et la dévastation.**

[48] **Des ruisseaux d'eau, tombera mon œil, à cause de la dévastation de la fille de mon peuple.**

Pé. Il y a la même interruption de l'ordre alphabétique que dans la deuxième lamentation : Pé est placé avant Ayin.

Le peuple reprend ce qu'une pleureuse disait à Jérusalem, justement dans la deuxième lamentation : *Ils ont ouvert largement la bouche contre toi, tous tes ennemis* (2,16). Nous avons vu qu'ils ont ouvert la bouche pour engloutir Jérusalem. Ici, c'est le « nous », le peuple, qui est concerné.

Pé. Ruine et malheur se sont abattus sur lui, comme l'indiquent les termes employés : « frayeur et fosse. » On trouve un assemblage identique des deux mots, chez les prophètes (Is 24,17-18 ; Jr 46,43-44), dans un contexte de jugement exercé par Dieu. La fosse traduit la mort, le piège mortel, le shéol, le lieu d'où le Seigneur est absent. C'est une façon de traduire l'épouvante qui saisit ceux qui se trouvent aux prises avec la désolation et la dévastation qui sont tombées sur eux.

Pé. L'homme prend la parole et compatit à son peuple, objet de la colère du Seigneur. Devant ce désastre, il pleure abondamment : des torrents de larmes sortent de ses yeux à cause de Jérusalem, si bien qu'il peut dire que son œil est transformé en ruisseaux. Après quoi, il revient sur sa situation personnelle.

Dieu s'approche du juste souffrant (3,49-66)

L'homme parle à nouveau de sa propre souffrance. Une prière jaillit de son cœur ; ce n'est plus seulement une attente confiante. Et le Seigneur s'approche de lui, au cœur même de sa souffrance. Il comprend ainsi qu'elle n'est pas le signe d'un rejet de la part de Dieu.

En butte à des ennemis (3,49-54)

L'homme n'est plus en butte à la colère du Seigneur, comme dans la première partie de la lamentation, mais à la violence de ses ennemis, alors qu'il est resté à Jérusalem.

49 Mon œil coule et ne cesse pas, sans relâche,

50 jusqu'à ce que YHVH se penche et voit, depuis les cieux.

51 Mon œil a fait le grappillage de mon âme, à cause de toutes les filles de ma Ville.

52 Poursuivi, ils m'ont poursuivi comme un oiseau, ceux qui me haïssent sans cause.

53 Ils ont anéanti ma vie dans une citerne et ils ont jeté des pierres contre moi.

54 Des eaux ont coulé sur ma tête ; j'ai dit : je suis rejeté.

Ayin. Ses larmes ne cessent pas de couler sans relâche : le vocabulaire employé en souligne l'intensité. Les larmes sont une supplication devant le Seigneur.

Ayin. Une seule chose pourrait tarir leur flot : retrouver la proximité du Seigneur. S'il pouvait se pencher vers lui ! Isaïe faisait une demande semblable : *Regarde du ciel et vois* (Is 63,15).

Ayin. Son œil, à force de pleurer, a fait le grappillage de son âme ; il lui enlève tout ce qu'il lui reste de force et l'anéantit. Cet affaiblissement provoque en lui une grande souffrance. La cause : *toutes les filles de ma Ville*, c'est-à-dire les villages situés autour de Jérusalem, ont été saccagés, eux aussi.

Tsadè. L'homme a lui-même été poursuivi et pris comme captif par ses ennemis, comme un oiseau que l'on prend dans un filet, à la chasse. L'image du filet est fréquemment utilisée dans l'Ancien Testament (cf. Ps 124,7 ; Is 24,17-18 ; Jr 48,43 ; Ez 12,13). Pourtant il ne leur avait fait aucun mal : leur haine est gratuite (cf. 35,19). L'homme qui souffre ici ne dit pas qu'il a péché, contrairement à ce que confessera le peuple plus loin. Il apparaît comme un juste qui souffre injustement.

Tsadè. Ses ennemis, encore, ont essayé de le perdre en le jetant dans une citerne ; cette image, proche de la fosse du verset 47, indique qu'on a cherché à le conduire à la mort. Pour bien montrer que sa perte était programmée, l'homme ajoute qu'on l'a lapidé dans la citerne.

Tsadè. Et ce n'est pas tout, ils ont fait couler de l'eau dedans, jusque par-dessus sa tête (cf. Ps 69,2-3). L'homme croit que sa dernière heure est là. Il est arrivé à l'extrême de ce qu'il peut porter comme souffrance ; il est comme un mort descendu dans la tombe. Comme le peuple (3,45), il se croit rejeté. Une question est soulevée : est-il satisfaisant, pour celui qui souffre, de dire que tout vient de Dieu ? les maux qui l'atteignent de plein fouet, sont-ils l'expression d'un rejet de la part du Seigneur ? La question du rejet est au cœur du livre et en sera le dernier mot.

Prière (3,55-66)

55 J'ai crié ton nom YHVH depuis une citerne, depuis les profondeurs.

56 Tu as entendu ma voix, ne cache pas ton oreille à mon cri, pour mon soulagement.

57 Tu t'es approché, au jour où j'appelais. Tu as dit : ne crains pas.

58 Tu as défendu, Seigneur, les causes de mon âme, tu as racheté ma vie.

59 Tu as vu, YHVH, le tort qu'on me fait, pose mon jugement.

60 Tu as vu tout leur emportement, toutes leurs machinations contre moi.

61 Tu as entendu leur insulte, YHVH, toutes leurs machinations contre moi.

62 Les lèvres de ceux qui s'élèvent contre moi et leur murmure, contre moi tout le jour !

63 Qu'ils soient assis ou debout, regarde : moi, je suis leur chanson.

64 Tu feras revenir vers eux la pareille, YHVH, selon l'œuvre de leurs mains.

[65] Tu leur donneras un bouclier de cœur ; ta malédiction pour eux !

[66] Tu [les] poursuivras avec colère et tu [les] détruiras de dessous les cieux, YHVH.

Kof. Alors la prière s'est élevée ; un cri jaillit du cœur de l'homme et monte vers Dieu, du milieu de sa souffrance (cf. Ps 130,2). Il a crié son nom : YHVH, le seul qui puisse sauver, le seul qui se penche vers l'homme. Il l'a appelé à son secours, de la citerne, des profondeurs où il a été placé, à l'instar de ceux dont le Seigneur ne se souvient pas, de ceux qu'il a repoussés (cf. Ps 88,7). Et il est venu à son aide ; il a répondu par sa présence.

Kof. Le Seigneur a entendu sa voix. Aussi l'homme le supplie de ne pas cacher son oreille à son cri, puisqu'il a entendu : il demande d'être exaucé. Qu'attend-il du Seigneur ? Un soulagement à sa souffrance incessante ; son secours pour pouvoir reprendre haleine.

Kof. Et le Seigneur s'est approché de celui qui se sentait rejeté, le jour où il l'a appelé. Il s'est approché de la citerne où il perdait le souffle. Et il a dit : *Ne crains pas*, parole entendue aussi par le serviteur du Seigneur : *Ne crains pas : je suis avec toi ; ne sois pas troublé : je suis ton Dieu. Je t'affermis* (Is 41,10). Ce qui se passe est bien au-delà de ce que prônait le sage (3,31-33). Le juste souffrant ne s'est pas simplement incliné devant la toute-puissance de Dieu, il lui a demandé d'être présent à sa souffrance. L'homme n'a plus à craindre ses ennemis, car le Seigneur le soutient.

Resh. Effectivement, il n'y a pas à craindre : le Seigneur s'est fait son défenseur, son avocat, dans les procès que ses ennemis ont intentés contre lui. Il a racheté sa vie : il s'est montré son *goèl.* Le Seigneur disait de même à Israël, son serviteur : *Ne crains pas [...]. C'est moi qui te viens en aide [...], celui qui te rachète* (Is 41,14). Le Seigneur est le protecteur de l'opprimé, celui qui le libère, le délivre.

Resh. Le Seigneur a vu le tort causé par les ennemis de son protégé, il peut donc poser un jugement en sa faveur. Que Dieu soit non seulement son avocat, mais son juge, voilà ce que l'homme désire !

Resh. Le Seigneur, en effet, connaît toutes les pièces de son dossier, toutes les accusations portées contre lui ; il connaît tout le mal que ses ennemis lui ont fait : ils se sont soulevés, emportés contre lui ; ils ont élaboré des machinations néfastes à son égard.

Shin. Le Seigneur a vu, il a aussi entendu. Quoi ? leur insulte d'abord (cf. Ps 39,9) et leurs machinations encore.

Shin. Le Seigneur peut entendre sans peine, car c'est tout le long du jour, que ses ennemis profèrent menaces et murmures, à son encontre !

Shin. Le juste souffrant revient sur sa vie. Il invite le Seigneur à regarder ce que font ses ennemis « assis ou debout », autant dire, là encore, tout le long du jour : ils le raillent, en chantonnant à son sujet.

Tav. Le juste demande au Seigneur de faire justice en les punissant, de leur faire payer leur faute (cf. Gn 50,15) par un châtiment, en proportion de ce qu'ils ont fait.

Tav. Qu'il les livre à leur obstination ; en mettant un bouclier sur leur cœur, il l'endurcira. Ils ont mérité la malédiction de Dieu !

Tav. Le juste implore le Seigneur : qu'il le délivre de ses persécuteurs en les châtiant ! Et il termine sa prière en demandant leur extermination ; c'est un appel à la vengeance à l'égard des ennemis.

Quatrième lamentation
Rétrospective sur l'anéantissement

Après une réflexion sur la souffrance dans la troisième lamentation, la quatrième revient sur Jérusalem, comme les deux premières. Mais du recul a été pris ; c'est le moment de faire une rétrospective sur ce qui s'est passé, de faire mémoire des événements les plus marquants pour le peuple, de regarder les conséquences sur les personnes.

Dans une première partie, une pleureuse se lamente sur les victimes de la grande catastrophe : celles du siège de la ville par les Babyloniens et celles de la destruction de Jérusalem (4,1-16). Les Judéens prennent alors la parole et se lamentent à leur tour, mais sur un point précis : les troubles qui ont abouti à la captivité du roi Sédécias, catastrophe sans pareille (4,17-20). Une pleureuse intervient à nouveau, dans les deux derniers versets ; elle regarde vers l'avenir et annonce une malédiction pour Edom et une promesse de retour sur la Terre, pour les exilés (4,21-22).

La construction du texte est la même que dans les deux premières lamentations : les versets comportent deux hémistiches.

Pour la typographie, les versets attribués à une pleureuse sont en caractères droits et ceux attribués au peuple en italique.

Une pleureuse, sur le malheur des habitants (4,1-16)

1 Quoi ? L'or se ternit-il, s'altère-t-il le bon or pur,

* se répandent-elles, les pierres de sainteté, en tête de toutes les rues ?

[2] Les fils de Sion, les précieux, du même prix que l'or pur,

* Quoi ? sont-ils considérés comme des pots d'argile, œuvre des mains d'un artisan ?

[3] Même les chacals découvrent la mamelle ; ils allaitent leurs petits ;

* la fille de mon peuple est cruelle comme les autruches.

[4] La langue de celui qui tête est collée à son palais à cause de la soif ;

* des petits enfants demandent du pain, personne ne leur en offre.

[5] Ceux qui se nourrissaient de mets délicats, sont languissants par les rues,

* ceux qui étaient élevés dans des étoffes pourpres, étreignent du fumier.

[6] Elle est grande, la faute de la fille de mon peuple, plus que le péché de Sodome

* qui fut renversée en un instant, et deux mains ne se sont pas tournées contre elle.

[7] Ils étaient purs, ses nazirs, plus que la neige ; ils étaient blancs plus que le lait.

* Ils étaient rouges de corps, plus que les coraux et leur figure comme le saphir.

[8] Leur apparence est obscure plus que la suie, ils ne sont pas reconnus dans les rues ;

* leur peau est ridée sur leur corps ; elle est desséchée, elle est comme le bois.

[9] Les victimes de l'épée sont heureuses plus que les victimes de la faim ;

* elles sont mortes, exténuées [de faim], loin des produits des champs.

[10] Des mains de femmes compatissantes ont fait bouillir leurs enfants ;

* elles sont pour eux des vampires, dans la dévastation de la fille de mon peuple.

[11] YHVH a achevé sa fureur ; il a répandu l'ardeur de sa colère

* et il a embrasé un feu dans Sion et a dévoré ses fondations.

[12] Ils n'ont pas cru, les rois de la terre, tous les habitants du monde,

* que viendrait un adversaire et un ennemi dans les portes de Jérusalem.

13 [C'est] à cause des péchés de ses prophètes, des fautes de ses prêtres,

* qui ont répandu en son sein, du sang de justes.

14 Ils ont erré, aveugles, dans les rues, souillés par le sang ;

* alors qu'ils ne [le] pouvaient pas, ils touchaient leurs vêtements.

15 « Ecartez-vous, impur ! leur crie-t-on. Ecartez-vous ! Ecartez-vous ! Ne touchez pas ! » Alors ils sont partis, ils ont pourtant erré.

* Ils ont dit parmi les nations : « Ils ne continueront pas à séjourner. »

16 La face de YHVH les a dispersés, il ne continuera pas à les regarder ;

* ils n'ont pas regardé avec faveur la face des prêtres, et aux anciens ils n'ont pas fait grâce.

La famine et son cortège de maux (4,1-10)

Aleph. *Quoi ?* La quatrième lamentation, comme les deux premières, commence par un cri de stupéfaction. En effet, comment un trésor plus que précieux, peut-il se détériorer ? de l'or, des pierres de sainteté, autrement dit, des pierres précieuses. Que représente ce trésor ? Le prophète Jérémie peut nous mettre sur la piste. Il a comparé les Babyloniens à du bronze et à du fer, et Israël à du plomb et à de *l'Argent de rebut* (Jr 6,27-30) : les métaux lui ont servi à caractériser des personnes. L'or, dans la quatrième lamentation, si l'on se réfère au deuxième verset, représente certainement *les fils de Sion.* Cet or est terni. Le verbe employé indique que l'or est changé, il a perdu sa supériorité, il est abaissé, avili. C'est bien ce qui est arrivé aux fils de Sion.

Quant aux pierres de sainteté, elles pourraient bien avoir un rapport avec les pierres qui étaient fixées sur le pectoral du grand prêtre, en quatre rangées de trois pierres, représentant les douze tribus d'Israël. Les pierres précieuses étaient toutes différentes : sardoines, topaze, émeraude, escarboucle, saphir, diamant, agathe, hyacinthe, améthyste, chrysolithe, cornaline, jaspe (Ex 29,15-21). Elles ont été répandues au croisement des rues. Entendons : les morts jonchent les rues, épuisés par la faim, comme la suite va le montrer ; et ils encombrent les carrefours.

Beth. Le deuxième verset est une lamentation sur les fils de Sion : les précieux, si précieux que leur prix est comme celui de l'or le plus pur. Et, à nouveau, stupéfaction : *Quoi ?* Maintenant, ils sont avilis, on peut les comparer à des poteries d'argile sans valeur, alors qu'ils étaient semblables à de l'or et à des pierres précieuses. Quoi ? La chose est inouïe ! C'est, en réalité, l'accomplissement de la prophétie de Jérémie. Le Seigneur n'avait-il pas annoncé *: Je briserai ce peuple et cette ville comme on brise le vase du potier, qui ne peut plus être réparé* (Jr 19,11) ?

Guimel. Le peuple est brisé au point que les habitants de Jérusalem sont en proie à la famine. Nous sommes au moment du siège de Jérusalem : *Le neuf du mois, la famine sévit dans la ville et les gens du peuple manquèrent de pain* (2 R 25,3). Alors qu'un chacal, tout animal sauvage qu'il soit, a un comportement maternel pour ses petits en les allaitant,

Jérusalem se comporte comme une autruche qui est réputée manquer de sagesse : elle abandonne ses œufs sur le sol au lieu de les couver, en laissant le soin de le faire à la chaleur du soleil. Mais elle oublie qu'un animal peut les écraser. Si bien qu'on peut dire d'elle, qu'elle *est dure pour ses fils, comme s'ils n'étaient pas à elle* (Jb 13-16). Jérusalem est donc cruelle comme l'autruche ; elle ne sait pas nourrir ses enfants.

Daleth. C'est effectivement la famine qui étreint la population, à commencer par les plus petits, orphelins abandonnés. Les nourrissons n'ont même plus de salive, faute de pouvoir boire le lait dont ils auraient besoin. Quant aux petits enfants, ils réclament du pain, mais en vain (cf. 2,11-12).

Hé. Les riches ne sont pas mieux lotis. Ceux qui avaient l'habitude de faire bonne chère, errent sans force dans les rues de la ville, faute de nourriture. Manque de nourriture, mais aussi de vêtements. Les plus richement vêtus, en sont réduits à chercher de quoi s'habiller dans la décharge publique où se tiennent les misérables.

Vav. La pleureuse dénonce ensuite la faute de Jérusalem, cause de tous ces maux. Elle est bien plus grande que le péché de Sodome (Gn 19), qui était resté pourtant dans la Bible comme le comble du péché. En effet, alors que pour Jérusalem, il est question de faute : sa voie est tordue, pour Sodome on parle de péché : le but est manqué, ce qui est moins grave. Les deux termes impliquent cependant la conséquence qui en découle. Et on constate que la ville païenne a été détruite sans besoin d'intervention humaine, avec une rapidité foudroyante : le feu du ciel est tombé sur elle et l'a anéantie. Il n'en est pas de même pour Jérusalem. Pour la faire tomber, il a fallu qu'une armée en fasse le siège pendant six mois (décembre 588 – juin 587) : *Alors dans la neuvième année de son règne, au dixième mois, le dix du mois, Nabuchodonosor, roi de Babylone vint, lui et toutes son armée, contre Jérusalem ; et il dressa son camp contre elle, et ils bâtirent contre elle un retranchement tout autour. Et la ville fut assiégée jusqu'à la onzième année du roi Sédécias* (2 R 25,1-2). Combien la faute était grande, pour avoir mérité un châtiment aussi sévère !

Zahin. Les nazirs retiennent l'attention de la pleureuse, car ils avaient une place particulière dans la société. Ils n'étaient pas seulement considérés comme des individus voués, mais aussi comme une catégorie spéciale de la population reflétant la sainteté de l'ensemble du peuple. Effectivement la pleureuse vante leur pureté. Ils étaient resplendissants de santé. Mais les symboles utilisés pour le dire sont difficiles à interpréter.

Heth. Or maintenant, ils vivent dans une condition misérable, loin de leur gloire passée ; ils ont perdu tout leur éclat. Leur peau n'a plus sa souplesse d'antan ; elle est ridée et desséchée comme du bois. Eux aussi, en effet, ne trouvent pas de quoi manger. Ils sont méconnaissables.

Teth. Il faut se rendre à l'évidence : ceux qui périssent par l'épée, sont plus heureux que ceux qui meurent affamés. Leur mort est rapide, tandis que mourir du manque de nourriture, est une mort lente. Les habitants de Jérusalem, et ceux qui étaient venus se réfugier dans la ville depuis les campagnes environnantes, étaient en effet privés des produits des champs ; il était impossible de s'en procurer, pendant le siège interminable.

Yod. Le plus horrible pourtant, a été la conduite des femmes. Elles aimaient leurs enfants, mais la faim les tenaillait tellement, qu'elles les ont fait bouillir pour s'en nourrir (cf. 2,20 ; Dt 28,53-57), se transformant en quelque sorte en vampires, nom féminin d'un démon mésopotamien qui dévore les enfants[1]. L'absence de nourriture était totale, tant la dévastation était grande ! C'est sur cette horreur que la pleureuse termine sa lamentation sur les habitants de Jérusalem affamés…

Les responsables du désastre (4,11-16)

Kaph. Loin d'être le tout de la catastrophe, le siège de la ville n'en était que le prélude. La colère de Dieu n'avait pas encore atteint son sommet. Le pire vint ensuite. Le Seigneur a mis le feu à la ville (cf. 2,3) et détruit ses fondations. Le deuxième livre des Rois rapporte : *Le septième jour du cinquième mois, qui correspond à la dix-neuvième année du règne de Nabuchodonosor, roi de Babylone, Nebouzaradan, chef des gardes, serviteur du roi de Babylone, entra dans Jérusalem. Il mit le feu au Temple du Seigneur et au palais du roi ; de même, il livra aux flammes toutes les maisons de Jérusalem, à savoir toute maison d'un personnage important* (2 R 25,8-9).

---

[1] TOB, p. 1650, note c.

Lamèd. Qui aurait pu croire, parmi les nations, qu'un jour Jérusalem serait envahie ? C'est pourtant ce qui est arrivé : les Babyloniens sont entrés par les portes de la ville. L'événement est du passé, mais la stupéfaction est toujours là.

Mèm. La responsabilité du désastre est attribuée aux prophètes et aux prêtres. Jérémie avait accusé les uns et les autres de mensonge (Jr 6,13) et Ezéchiel avait dénoncé les violences perpétrées dans la ville (Ez 7,23). La pleureuse, quant à elle, rend prophètes et prêtres responsables de ces violences : ils ont répandu le sang des justes. Il est difficile de savoir à quels justes il est fait allusion et les explications, données dans les versets suivants, sont assez obscures. Un indice peut être trouvé chez Jérémie : il accuse les Judéens de répandre le sang innocent dans le Temple (Jr 7,6).

Noun. Prophètes et prêtres erraient dans les rues ; ils étaient comme des aveugles, qualification qui les oppose aux justes qu'ils ont tués. Leurs vêtements étaient couverts du sang qu'ils avaient répandu et ils les touchaient, ce qui n'est pas permis par la Loi (Nb 35,32-33).

Samèkh. Aussi, la population les a traités comme on le faisait pour les lépreux : on criait « Impur » sur leur passage. Ils sont donc partis et ont continué à errer. Ils annonçaient aux peuples chez qui ils se rendaient, que les habitants de Jérusalem ne continueraient pas à séjourner longtemps dans leur ville.

Ayin. Le Seigneur, en effet, a dispersé les Judéens, il a cessé de porter sur eux un regard bienveillant. Une explication est donnée : ils n'ont pas témoigné d'égard pour les prêtres et les anciens, ceux qui dirigent les affaires de la ville ; ils ne les ont pas pris en considération, contrairement à ce que prescrit la Loi (Lv 19,32). Quel est ce manque d'égard envers les prêtres ? Avoir crié « Impur » lorsqu'ils passaient dans les rues, les vêtements couverts de sang ? Il faut reconnaître que la signification du verset est assez énigmatique…

Le peuple pleure son roi (4,17-20)

17 *Nous encore, nos yeux se sont épuisés [dans l'attente de] notre secours. En vain !*

** Aux aguets, nous avons guetté une nation qui ne sauve pas.*

18 *Ils ont pourchassé nos pas pour que nous n'allions pas sur nos places.*

** Notre fin approche, nos jours sont accomplis car notre fin [ruine] est venue.*

19 *Légers étaient nos poursuivants, plus que des aigles [dans] les cieux.*

** Sur les montagnes, ils nous pourchassaient ; dans le désert, ils se mettaient en embuscade pour nous.*

20 *Le souffle de nos narines, l'oint de YHVH, a été capturé dans leurs fosses,*

** lui dont nous disions : A son ombre, nous vivrons parmi les nations.*

Pé. Le peuple prend alors la parole et surenchérit sur les propos de la pleureuse : il revient sur le passé et se souvient d'autres fautes graves. Ils ont attendu un secours d'un autre que du Seigneur ; ils ont regardé vers l'Egypte, un pays qui ne peut sauver. Ils ont guetté son arrivée pendant le siège de Jérusalem. Effectivement, l'armée de pharaon est venue au secours de la ville ; l'attente semblait comblée, car les Chaldéens avaient dû lever le siège (Jr 37,5) ! Mais l'espoir a été de courte durée. Une fois l'armée égyptienne défaite (février 587), le siège avait repris. Jérémie l'avait d'ailleurs annoncé — en vain — de la part du Seigneur, à ceux que le roi de Juda avait envoyés vers lui : *Cette armée de Pharaon qui s'est mise en marche pour vous secourir, elle rebrousse chemin vers son pays, l'Egypte. Aussi les Chaldéens reviendront-ils pour attaquer cette ville, ils l'emporteront de vive force et la livreront aux flammes* (Jr 37, 7-8). Et c'est ce qui arriva. Ce n'était pas la première fois que Jérusalem attendait son secours de l'Egypte. En effet, au temps d'Ezéchias, vers 703-702, Isaïe annonçait dans un oracle du Seigneur : *La protection de pharaon tournera à votre honte [...]. Tout le monde est déçu par un peuple qui ne peut secourir [...]* (Is 30,1-5). Le roi d'Assyrie lui-même avait envoyé dire à Ezéchias : *Voici que tu te fies au soutien de ce roseau brisé, l'Egypte, qui pénètre et perce la main de qui s'appuie sur lui* (Is 36,6). Tendre la main vers l'Egypte était une faute récurrente pour Juda ; mais il a fallu que la Ville soit détruite, pour qu'ils le reconnaissent !

Tsadè. Les habitants de Jérusalem, après avoir reconnu leur faute, font mémoire du châtiment qui les a frappés. Ils ont été poursuivis par l'envahisseur qui, une fois entré dans la ville, les a traqués comme on pourchasse un gibier. Ils le savent désormais : leur fin, la fin du royaume de Juda, approche de façon inexorable, car il n'y a plus de roi (4,20). Le Seigneur est intervenu par le biais de l'ennemi et sa décision est irrévocable. Le peuple surenchérit en ajoutant : *Nos jours sont accomplis*, c'est-à-dire leur nombre est rempli, il est plein, il ne peut y en avoir plus. Pourquoi ? car la ruine est arrivée — le même mot veut dire fin et ruine. Ruine, en effet, s'en est suivie, puisque la population a été massacrée et les maisons rasées ; sans compter le Temple mis à sac et incendié.

Kof. Le peuple revient alors sur un événement qui l'a traumatisé. Après avoir fait une brèche dans les murailles de la ville pendant le siège, *les gens de guerre s'échappèrent de nuit par la porte du double rempart*, qui était proche du parc du roi. Ils s'enfuirent vers la plaine (2 R 25,4). Les chars babyloniens, qui les poursuivaient avec hostilité, étaient si rapides, qu'ils semblaient voler comme des aigles en plein vol (cf. Dt 28,49), quel que soit le terrain. Sur les montagnes, les troupes de Nabuchodonosor entouraient les fuyards, comme une flamme entoure ce qu'elle brûle ; et dans les déserts, les ennemis tendaient des embuscades pour les prendre. Bref, de toutes parts, ils étaient cernés.

Resh. *L'armée chaldéenne se mit à la poursuite du roi et l'atteignit dans la plaine de Jéricho, alors que sa propre armée s'était débandée en l'abandonnant* (2 R 25,2). Sédécias est donc fait prisonnier peu après, lui, *le souffle des narines* du peuple, c'est-à-dire sa vie même. C'est par le roi, en effet, que la bénédiction de Dieu descend sur lui. Or il a été capturé dans une des fosses dissimulées, où tombaient ceux qui passaient. Le roi est donc fait prisonnier par ceux qui avaient tendu l'embuscade, et il est emmené auprès du roi de Babylone à Ribla, après avoir eu les yeux crevés (2 R 25,6). La désolation est grande. Les Judéens avaient pensé qu'ils pourraient vivre à l'ombre de leur roi, gouverné par lui, au milieu des autres nations. L'espoir qu'ils avaient mis en lui s'envole !

Une pleureuse, sur l'avenir (4,21-22)

Une pleureuse lance alors une double parole d'espérance.

> 21 Sois dans l'allégresse et réjouis-toi, fille d'Edom, qui habites dans le pays de Outs.
>
> * Pour toi aussi, une coupe passera ; tu en seras enivrée et tu seras nue.
>
> 22 Ta faute est finie, fille de Sion, il ne continuera pas à t'exiler.
>
> * Il a puni ta faute, fille d'Edom, il a découvert tes péchés.

Shin. Une pleureuse interpelle Edom, plus précisément la fille d'Edom : ce qui est une façon de présenter ce peuple sous la figure d'une femme. Edom était établi au pays de Outs, entre l'Idumée et l'Arabie nord occidentale.

La pleureuse s'adresse donc à elle avec une parole de bénédiction, celle-là même que les prophètes adressent à Israël pour lui annoncer le salut du Seigneur : *Sois dans l'allégresse et réjouis-toi* (cf. Jl 2,21 ; Za

2,10 ; Is 65,18 ; So 3,14). Pour l'instant, en effet, elle peut se réjouir car, étant hostile au royaume de Juda, elle a fait cause commune avec les assiégeants. Et après la chute de la ville, elle est venue à la curée avec d'autres pillards. Elle a eu sa part du triomphe de Babylone.

Mais elle ne perd rien pour attendre, car : *Pour toi aussi, une coupe passera*. La coupe symbolise le sort réservé à chacun, soit en bonne soit en mauvaise part. L'image vient du repas. En effet, celui qui présidait le repas donnait à chacun sa coupe.

Que signifie ici cette coupe ? Edom aura la même part que Jérusalem, comme l'indique le : *Pour toi aussi*. Or la coupe de Jérusalem est la coupe de la colère, c'est une coupe terrifiante qui annonce un châtiment. De plus, la pleureuse ajoute : *tu en seras enivrée et tu seras nue*. Or Jérémie avait prophétisé de la part du Seigneur, contre plusieurs peuples, dont Edom : *Buvez ! Enivrez-vous ! Vomissez ! Tombez sans pouvoir vous relever, devant l'épée que je vais envoyer au milieu de vous* (Jr 25,27-28). Et encore : *Tu boiras la coupe pour de bon* (Jr 49,12). Il s'agit de la coupe fatale, ce que confirme la nudité.

Tav. La faute de Jérusalem, déjà mentionnée au verset 6, plus grave que le péché de Gomorrhe, est finie. « Faute » inclut l'acte pervers, mais aussi, comme nous n'avons dit, la peine qui en résulte ; ici, l'exil. En effet, l'exil prendra fin, comme l'annonçait aussi le livre de la consolation d'Isaïe : *Parlez au cœur de Jérusalem, et criez-lui que son temps d'épreuve est fini, que sa faute est expiée, qu'elle a reçu de la main du Seigneur double peine pour tous ses péchés* (Is 40,2). Israël reviendra de l'exil (Jr 16,15 ; 33,7).

Par contre, la faute d'Edom a été punie : tous ses péchés cachés ont été mis au grand jour (cf. Jr 49,7-22).

La pleureuse parle de ce qui est futur, comme si c'était déjà accompli. Cependant cette certitude ne suffit pas à ranimer l'espérance des Judéens. La lamentation suivante pose à nouveau la question lancinante du rejet d'Israël par Dieu.

Cinquième lamentation
Détresse des survivants

Toute la cinquième lamentation est à la première personne du pluriel : elle est mise dans la bouche du peuple. Elle commence par une prière (5,1) et se termine de même (5,19-22). Entre les deux (5,2-18), le peuple resté sur la Terre déroule devant le Seigneur toutes les humiliations qu'il a supportées et qu'il supporte encore. La complainte devient prière. Le poète invite le Seigneur à regarder la misère de son peuple et à le prendre en pitié.

La lamentation a bien vingt-deux versets, comme les lamentations 1, 2 et 4, mais ils ne commencent pas par les lettres de l'alphabet. Comme dans la troisième lamentation, ils sont courts et ne sont pas composés de deux hémistiches.

Notons encore que chaque verset forme une phrase indépendante, qui n'a pas de lien avec les autres, pour ce qui est du sens. Cela donne l'impression d'un déferlement de malheurs, qui hache la parole. C'est comme des vagues qui se brisent sur la grève, les unes après les autres, avec la monotonie de ce qui se répète sans cesse. Il est donc préférable de faire un commentaire du texte verset par verset.

Invocation du Seigneur (5,1)

1 Souviens-toi, YHVH, de ce qui a été pour nous ; regarde et vois l'insulte envers nous.

Souviens-toi. Le souvenir, en hébreu est une idée qui va et qui vient, qui s'échappe et retourne, qui s'évanouit et reparaît. Aussi, demander au Seigneur de se souvenir, sous-entend qu'il semble avoir oublié son peuple. Ce qui est advenu au peuple et ce qu'il supporte encore, le laisse d'ailleurs penser. D'où la demande à Dieu de se souvenir, de faire revenir tout cela à sa pensée. Et, par suite, non seulement de regarder la situation de son peuple, mais encore de voir ; sous-entendu : pour agir en conséquence. Regarder et voir sont des verbes souvent associés (cf. Is 63,15 ; Ps 33,13).

L'opprobre mise sous le regard du Seigneur (5,2-18)

[2] Notre héritage a passé à des étrangers, nos maisons à des hommes venus d'ailleurs.

[3] Nous sommes orphelins, sans père, et nos mères comme des veuves.

[4] Notre eau, contre de l'argent, nous [l']avons bue ; nos bois viennent contre un paiement.

[5] Nous étions poursuivis de près ; nous sommes fatigués et il n'est pas laissé de repos pour nous.

[6] Egypte, Assyrie, ils ont étendu la main, pour se rassasier de pain.

[7] Nos pères ont péché et, non pas eux mais nous, avons supporté leurs fautes.

[8] Des serviteurs dominent sur nous, personne n'arrachant de leur main.

[9] [Au péril de] notre vie, nous faisons venir notre pain, à cause de l'épée du désert.

[10] Notre peau, comme un four ! Nous sommes noircis à cause des ardeurs de la faim.

[11] Ils ont déshonoré des femmes dans Sion, des vierges dans les villes de Juda.

[12] Des princes ont été pendus par leur main ; les faces des vieillards n'ont pas été honorées.

[13] Les jeunes gens ont porté la meule et les jeunes garçons ont trébuché sous le bois.

[14] Les anciens ont cessé [שׁבת] [de se trouver] à la porte de la ville, les jeunes gens ont cessé [שׁבת] leurs chansons.

[15] Elle a cessé [שׁבת], la joie de notre cœur ; notre danse a été changée en deuil.

[16] Elle est tombée, la couronne de notre tête ; donc malheur pour nous, car nous avons péché.

[17] A cause de ceci, notre cœur est souffrant ; à cause de ces choses, nos yeux se sont obscurcis.

[18] Sur le mont Sion qui a été dévasté, des renards rôdent sur lui.

v.2. Le premier point rappelé au Seigneur, est le plus fondamental : son peuple a été dépossédé de la Terre, de l'héritage qu'il lui a donné (cf. Ps 135,12 ; 136,21-22). Des étrangers, des hommes qui n'y avaient pas droit (Ex 29,33 ; 1 R 3,18 ; Is 43,12), s'en sont emparé. Quant à leurs maisons, ce sont des étrangers au pays, sans aucun lien avec le peuple du Seigneur (Jr 6,12 ; Pr 20,16 ; 27,2-13), qui les ont occupées.

v. 3. Tous orphelins : *Pas de père* ! Cette affirmation peut s'entendre à deux niveaux : du roi, père du peuple et du père de famille. Or tant l'un que les autres sont partis en exil. Quant aux mères, elles sont comme des veuves (cf. Jr 18,21). Ce terme recouvre une signification très précise. On appelle veuve une femme dont le mari est décédé et qui n'a pas de fils ou de gendre qui puisse la prendre en charge ; ou encore, celle pour qui aucun proche parent ne peut exercer le lévirat. Dans la situation présente, les hommes ayant été déportés (Ba 4,16), les femmes, tout en n'étant pas veuves au sens strict, sont dans une situation semblable. Elles sont isolées, dans la précarité, réduites à la misère.

v. 4. Les Judéens étaient encore contraints de payer aux envahisseurs l'eau et le bois au prix fort. Peut-être sous forme de redevances ? Qu'est devenue l'annonce d'Isaïe : *Que l'assoiffé aille vers l'eau et que celui qui est sans argent se ravitaille et mange* (Is 55,1) ?

v. 5. De plus, ils étaient poursuivis par les occupants, mais les circonstances ne sont pas précisées. Ce qui importe ici, c'est le résultat : cela provoquait une grande fatigue et aucun repos n'était possible.

v. 6. Un autre déboire provient des relations avec les puissances voisines. A la fin du VIIe siècle, Juda était enclavé entre les trois grandes puissances de l'époque : les Babyloniens, l'Assyrie et l'Egypte. Les Babyloniens montant en puissance, l'Egypte a soutenu l'Assyrie, très affaiblie, qui lui permettait cependant de ne pas être directement confrontée à Babylone ; et, pour conforter sa position, l'Egypte a soumis le royaume de Juda. C'est probablement à cette alliance entre l'Assyrie et l'Egypte que le peuple fait allusion au verset 6. Elle a fait le malheur du royaume de Juda qui, à partir de là, sera sans cesse sous la domination d'une puissance étrangère.

v. 7. Le peuple interrompt le déroulé de ses malheurs et relit ce qui lui est arrivé, à la lumière de la rétribution collective qui fait la trame de l'histoire deutéronomiste : la calamité arrivée à Juda a pour cause le péché de leurs rois. C'est explicitement dit dans le deuxième livre des

Rois : Joakim *fit ce qui déplaît à YHVH. [...] Le Seigneur envoya contre Joakim des bandes de Chaldéens, et des bandes venant d'Aram, de Moab et d'Ammon. Il les envoya contre Juda pour l'anéantir, conformément à la parole que le Seigneur avait prononcée par l'intermédiaire de ses serviteurs les prophètes* (2 R 23,37 ; 24,2). Et encore : *Jékonias fit ce qui est mal aux yeux du Seigneur, tout comme avait fait son père [...]. Sédécias fit ce qui est mal aux yeux du Seigneur, tout comme avait fait Joakim. C'est à cause de la colère du Seigneur qu'il en fut ainsi à Jérusalem et en Juda, jusqu'à ce qu'il les rejette loin de sa face* (2 R 24,9.19-20).

v. 8. La liste des infortunes reprend. Etant sous domination chaldéenne, le peuple est gouverné par des fonctionnaires, appelés serviteurs. Et personne ne vient à son secours pour le délivrer de cette tutelle étrangère !

v. 9. Les habitants de Jérusalem sortaient en cachette, au péril de leur vie, pour se procurer de la nourriture. En effet, les nations alliées des Chaldéens — dont Edom —, qui habitaient les régions désertiques, situées au sud de Jérusalem, continuaient leur pillage et leur brigandage.

v. 10. Dans ces conditions, on comprend que la famine, avec ses conséquences, ait continué à sévir, bien que le siège de la ville soit terminé. Les gens avaient la peau comme un four noir de fumée, à cause du manque de nourriture. Mauvaise circulation sanguine, peut-être ? ou simple métaphore ? Les brûlures de la faim, en effet, sont comparées à des flammes qui noircissent un four.

v. 11. Et comme souvent lors des conquêtes militaires, les passions se sont déchaînées ; les femmes et les jeunes filles ont été violées.

v. 12. Des princes, encore, ont été pendus par la main. Comme le supplice de la pendaison ne se fait pas toujours en suspendant le condamné par le cou, peut-être les Chaldéens utilisaient-ils la suspension par la main ?

Autre abomination, digne d'une société dégénérée : les vieillards ont été méprisés. Or le Lévitique (Lv 19,32) prescrivait le respect des vieillards ; cela faisait partie de la tradition du Proche-Orient. Baruch se fait le porte-parole de cette conduite : Le Seigneur *a fait venir contre eux une nation lointaine, une nation insolente et de langue étrangère, sans respect pour le vieillard, sans pitié pour le petit enfant* (Ba 4,15 ; cf. Dt 28,50 ; Is 47,6).

v. 13. Non-respect des vieillards, mais aussi absence de pitié pour les jeunes : les jeunes hommes portent la meule, la pierre qui servait à moudre le grain. Pourquoi porter cette pierre ? Le Midrash l'interprète ainsi : il n'y avait pas, en Babylonie, de grosses pierres susceptibles de broyer. Aussi Nabuchodonosor ordonna aux Judéens, de transporter les meules et de les amener à Babylone. Quant aux enfants, ils portaient, sur leur dos, le bois qui sert à allumer le feu (cf. Gn 22,3). Il se pourrait que les uns et les autres aient été emmenés en exil.

v. 14. Les anciens, les sages de la ville, réglaient les affaires importantes à la porte de la ville (cf. Rt 4,1-11). Cela encore est terminé ! Les jeunes gens ? Ils ne se rassemblent plus pour chanter. La vie sociale s'est arrêtée. Dans les versets 12 à 14, la situation de diverses catégories de citoyens est passée en revue : elle est désastreuse. L'oppresseur a disloqué la société ; il a anéanti la joie de vivre ensemble. Un grand sabbat s'est installé : tout a cessé (*shabbat*), la vie est partie. La mort plane sur la ville.

v. 15. La joie a cessé et la danse aussi, car joie et danse sont deux réalités liées. Le plus souvent, dans l'Ancien Testament, la joie ne reste pas dans le secret du cœur ; elle est partagée. Or la danse est un des éléments de la fête, lieu par excellence de la joie partagée. Aussi, quand la joie cesse dans le cœur, la danse se transforme en deuil (cf. Ps 29,12). Mais pourquoi la joie a-t-elle cessé ? A cause du sort dévolu aux femmes, aux princes, aux anciens, aux jeunes gens et aux enfants.

v. 16. Jérusalem est l'épouse du Seigneur et ainsi le peuple de l'Alliance porte une couronne, la couronne de l'épouse, sur sa tête. *Atarah*, en effet, peut désigner soit la couronne du roi (Ps 21,4), soit celle de l'épouse (Ez 16,12). Dire que la couronne est tombée, c'est prendre acte de la rupture d'alliance entre Dieu et son peuple (cf. Ez 21,30-32 ; Jr 13,18). Cette rupture est due au péché, au rejet de la *Torah*. D'où le cri de douleur du peuple qui reconnaît son péché. Il n'y a donc pas que leurs pères qui ont péché (5,7) !

v. 17. Le cœur est souffrant, douloureux : il souffre comme une femme impure *lors de la souillure de ses règles* (Lv 15,33), selon le sens du mot employé. Pourquoi ? *A cause de ceci* : parce que la couronne est tombée de la tête.

Et, *à cause de ces choses*, les yeux se sont obscurcis, comme lorsque le soleil se couche et que les ténèbres arrivent. Ils ont perdu leur lumière à cause de tout ce qui est arrivé à toutes les catégories de la population (5,11-14).

v. 18. La description de la situation se termine par le mont Sion, mont du Temple, cœur de Jérusalem, car lieu où Dieu habite (cf. Ps 68,16-17). Le mont Sion a été dévasté ! Le Temple, en effet, a été incendié et des renards habitent dans ses ruines (cf. Jr,9,10 ; Ez 13,4).

Rejetés pour toujours ? (5,19-22)

19 Toi, YHVH, tu sièges pour toujours sur un trône, de génération en génération.

20 Pourquoi nous oublierais-tu pour la victoire ? nous abandonnerais-tu à longueur de jours ?

21 Fais-nous revenir vers toi, YHVH, et que nous revenions ; renouvelle nos jours comme autrefois.

22 Car est-ce que tu nous as rejetés, rejetés ? [Est-ce que] tu es irrité contre nous toujours ?

v. 19. Le peuple adresse maintenant sa prière à YHVH, roi d'Israël. Sa Maison a été dévastée, mais il habite dans les cieux. YHVH n'est pas contenu dans un lieu ; aussi, sa royauté ne prend pas fin avec la ruine du Temple. On se représentait la royauté divine à l'aide des symboles du pouvoir royal. Ainsi, le Seigneur est assis sur un trône royal — composé d'un siège haut pourvu d'un marchepied (cf. Ps 99,5 ; 132,7). Son trône est le symbole de sa puissance et de son pouvoir. L'orant confesse que sa royauté est éternelle : *de génération en génération* (cf. Ba 3,3). Dieu est éternel, il est stable. Aussi, tout n'est pas fini avec la dévastation.

v. 20. Après une confession de l'éternité du Seigneur, la prière se fait insistante. Quelle raison peux-tu avoir pour oublier ton peuple ? (cf. Is 49,14 ; Ps 43,25). Pour oublier de nous donner la victoire ? N'as-tu pas promis d'être fidèle ? Comment pourrais-tu abandonner ton peuple pour toujours ? Qu'est-ce qui pourrait motiver un tel changement ? Pourquoi ? Parle, Seigneur ; réponds-nous ! Dieu ne peut pas oublier son peuple.

v. 21. Le désir ardent des Judéens : *Fais-nous revenir*, a plusieurs facettes : que le peuple revienne d'exil ; qu'il revienne à Sion, demeure de Dieu ; qu'il revienne aussi par une conversion (שוב). Mais tout cela, Dieu seul peut le faire, c'est lui qui en est la cause. Comment revenir, si lui ne le réalise pas ? Peux-tu, Seigneur, en priver ton peuple ? Cela n'est pas possible ; restaure-le dans sa gloire passée. *Alors, l'offrande de Juda et de Jérusalem sera bien accueillie du Seigneur, comme il en fut aux jours anciens, dans les années d'autrefois* (Ml 3,4). Autrefois, c'est le temps où le Seigneur protégeait son peuple, prenait soin de lui.

Ceci est tout particulièrement vrai de l'époque où Josias avait rétabli l'observance de la Loi : il avait été l'artisan d'une réforme dans l'esprit du Deutéronome.

v. 22. Le peuple a affirmé sa foi et son espérance et pourtant, pourtant, une question demeure au regard de la situation présente : Seigneur, nous as-tu rejeté pour toujours ? (cf. Jr 14,19) ; ta colère à notre égard, est-elle pour toujours ? La séparation d'avec Dieu est voulue par Dieu ; il peut cependant convertir son peuple. Mais mettra-t-il réellement fin au rejet ? C'est une question lancinante qui traverse le livre des *Lamentations*. La dernière parole est donc un reproche fait au Seigneur.

Le sage de la troisième lamentation affirmait : *Le Seigneur ne rejette pas pour toujours* (3,31). Mais le mot de la fin laisse planer un doute. La parole du sage ne suffit pas à apporter la paix, au milieu de la souffrance insoutenable qu'a provoquée une totale dévastation.

Le livre des *Lamentations* s'achève sur une question qui ne trouvera sa réponse qu'avec la venue du Christ, avec sa mort et sa résurrection.

Du même auteur

La Charité et l'unité, Une clé pour entrer dans la théologie de saint Augustin, Cahiers de l'École Cathédrale, n° 6, Paris, Mame, 1993 (épuisé).

Saint Dominique et la vie apostolique dominicaine, Cahiers de l'École Cathédrale, n° 20, Paris, Cerp-Mame, 1996 (épuisé). Traduction en italien, 2017.

La Règle de saint Augustin, Préface de Monseigneur P. Raffin, Cerf, Paris, 1996 (épuisé).

Chercher Dieu avec les Pères du désert et leurs héritiers, Vieille-Toulouse, Source de Vie, 1996 (épuisé). Traduction en tchèque, 1999.

Tu aimeras ton frère, À l'école des Pères du désert, Vieille-Toulouse, Source de Vie, 1997 (épuisé). Traduction en tchèque, 1999.

Se consacrer à Dieu, Une théologie de la vie consacrée, Préface du Fr. Timothy Radcliffe, Paris, Téqui, 1998 (épuisé) ; traduction en italien, 2020.

Saint Jean Cassien. Sa doctrine spirituelle, Marseille, La Thune, 2002 (épuisé).

Aux origines de l'Ordre des Prêcheurs, une mystique, Marseille, La Thune, 2004 (épuisé).

Des Moniales dominicaines à Lourdes, Lourdes, autoédition, 2005.

Saint Augustin. Comme un cerf altéré, Mesnil Saint-Loup, Le Livre Ouvert, 2006.

Saint Antoine. Conduit au désert par l'Esprit, Mesnil Saint-Loup, Le Livre Ouvert, 2006.

Le Royaume de Dieu est en vous. Une lecture symbolique du Cantique des Cantiques, Le Muveran, Parole et Silence, 2008.

Foi et guérison. Repères et critères chrétiens, Marseille, La Thune, 2008 (épuisé).

Découvrir les Pères de l'Église à travers la Liturgie des Heures, Paris, DDB, 2010.

Dominique et Augustin, Saint-Maurice, Ed. Saint-Augustin, 2010.

Les Miracles de saint Dominique. Prières et textes, Saint-Benoît-du-Sault, Ed. Bénédictines, 2010.

Prier le Rosaire avec les saints, Saint-Benoît-du-Sault, Ed. Bénédictines, 2012.

Notre-Dame de Lourdes. Prières et textes, Saint-Benoît-du-Sault, Ed. Bénédictines, 2013.

L'Effusion de l'Esprit en Église, Préface de Monseigneur P. Raffin, Saint-Benoît-du-Sault, Ed. Bénédictines, 2013.

Le Rosaire, une lectio divina *avec Marie*, Saint-Benoît-du-Sault, Ed. Bénédictines, 2014.

La Foi est un combat. Itinéraire d'une moniale, Paris, Salvator, 2015.

Sainte Mariam de Jésus Crucifié. Témoignage du chanoine Bordachar, Recueil de notes de Mère Élie, Saint-Benoît-du-Sault, Ed. Bénédictines, 2016.

Sainte Catherine de Sienne, Saint-Benoît-du-Sault, Ed. Bénédictines, 2017.

Sainte Marie-Madeleine, Saint-Benoît-du-Sault, Ed. Bénédictines, 2017.

Les Pères de l'Église dans la Liturgie des Heures, L'âge d'or, vol. II, Les Pères latins, Le Muveran, Parole et Silence, 2017.

Le Nouvel Age à l'œuvre dans l'Église. La gnose de retour, Paris, L'Harmattan, 2018.

L'Eucharistie, rencontre du Ressuscité, Ed. Bénédictines, Saint-Benoît-du-Sault, Ed. Bénédictines, 2018.

L'Heure de la mort. Le grand passage vers la vie !, Ed. Bénédictines, Saint-Benoît-du-Sault, 2018.

Les Pères de l'Église dans la Liturgie des Heures, L'âge d'or, vol. III, *Les Pères grecs et syriaques*, Le Muveran, Parole et Silence, 2018.

Les Pères de l'Église dans la Liturgie des Heures, L'âge d'or, vol. IV, *Augustin*, Le Muveran, Parole et Silence, 2020.

La Face cachée de la vie des moniales. Une dominicaine témoigne, Croix du Salut, 2020.

Chrétien, qu'as-tu fait de la vie éternelle ? Lecture spirituelle de la première lettre de Jean, Parole et Silence, 2020.

Dieu à la recherche de l'homme. Lecture spirituelle du livre d'Osée, Parole et Silence, 2021.

.

Table des matières

Troisième lamentation
Pourquoi la souffrance ?

Quatrième lamentation
Rétrospective sur l'anéantissement

Cinquième lamentation
Détresse des survivants

Printed by Books on Demand GmbH, Norderstedt / Germany